CARNET
DE
MORALE

Rédigé et disposé

D'APRÈS LES INDICATIONS DE L'INSPECTION GÉNÉRALE

PAR

Un Groupe d'Instituteurs

> La Morale n'est pas le lot de quelques-uns,
> elle est l'apanage de l'humanité tout entière.
> Elle n'est pas une invention de nos pro-
> grammes scolaires, elle est de tous les pays
> et de tous les temps.   Jules STEEG.

NOUVELLE ÉDITION

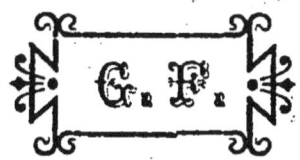

BÉTHUNE
LIBRAIRIE GALAND FRÈRES, ÉDITEURS
15, Rue des Treilles
1896

CARNET

DE

MORALE

Rédigé et disposé

D'APRÈS LES INDICATIONS DE L'INSPECTION GÉNÉRALE

PAR

Un Groupe d'Instituteurs

> La Morale n'est pas le lot de quelques-uns,
> elle est l'apanage de l'humanité tout entière.
> Elle n'est pas une invention de nos pro-
> grammes scolaires, elle est de tous les pays
> et de tous les temps.   Jules STEEG.

NOUVELLE ÉDITION

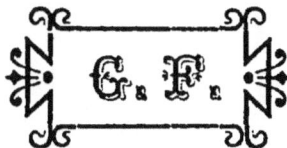

G. F.

BÉTHUNE

LIBRAIRIE GALAND FRÈRES, ÉDITEURS

15, Rue des Treilles

1896

TABLE DES MATIÈRES

9

V. — Devoirs de l'homme.

VI. — Devoirs envers Dieu.

RÉCITATIONS

LISTE DES AUTEURS CITÉS

N° D'ORDRE	NOMS des auteurs	TITRES DES OUVRAGES	ÉDITEURS
1	Bailly et Dodey	La morale pratique de l'écolier	H. Le Soudier
2	Barrau	Livre de morale pratique.	Hachette et Cie
3	Boyer	Le livre de morale (partie du maître).	A Fouraut
4	Burdeau	L'instruction morale à l'école	Picard et Kaan
5	Cazes	Livre de lecture.	Delagrave
6	Compayré	Eléments d'instruction morale et civique (cours élémentaire).	Delaplane
7	Compayré	Eléments d'instruction morale et civique (cours moyen et supérieur).	Delaplane
8	Compayré et Deplan	Lectures morales et civiques.	Delaplane
9	De Amicis	Grands cœurs.	Delagrave
10	Gérard	Maximes morales	Gedalge
11	Mabilleau	Cours de morale (cours élément, et moyen).	Hachette et Cie
12	Mabilléau	Cours de morale (cours supérieur).	Hachette et Cie
13	Mézières	Education morale et instruction civique	Delagrave
14	Simon (J.)	Le livre du petit citoyen.	Hachette et Cie
15	Steeg (Jules)	Instruction morale et civique.	Fern. Nathan
16	Steeg (Jules)	La vie morale.	Fern. Nathan
17	Steeg (Jules)	L'honnête homme.	Fern. Nathan
18	Vessiot	Pour nos enfants	Lecène et Oudin

CARNET DE MORALE

I. — NOTIONS SUR LES PRINCIPES DE LA MORALE

1re LEÇON

Définition, objet et importance de la morale.

RÉSUMÉ

La morale est la science qui rend l'homme bon et honnête en lui montrant ses devoirs et en lui indiquant la manière de les remplir. — Nous porter au bien, nous détourner du mal, en un mot nous rendre vertueux, voilà le noble but que se propose la morale. — Cette science ne trace pas seulement la route à suivre pour l'avenir, elle permet encore de porter un jugement sur le passé ; c'est elle qui nous dit après tout acte : ceci est louable, cela est blâmable. — La morale passe, à juste titre, pour la première et la plus importante de toutes les connaissances. Toutefois, pour être homme de bien, il ne suffit pas de connaître les règles de la morale, il faut encore et surtout les pratiquer.

QUESTIONNAIRE. — Qu'est-ce que la morale? Quel est son double but? Quelle est son importance?

MAXIMES ET PENSÉES

La morale n'est pas le lot de quelques-uns, elle est l'apanage de l'humanité tout entière.

Sans l'instruction morale, l'homme est aussi exposé à mal agir qu'un aveugle à faire un faux pas.

La loi morale est l'obligation imposée à l'être intelligent et libre de faire ce qu'il sait être bien.

La morale n'est pas seulement la science de la vertu, c'est aussi la science du bonheur.

L'intérêt donne des conseils, la morale donne des ordres.

Fais ce que dois, advienne que pourra.

LECTURES

1. *Objet de la morale* (Jules STEEG, N° 15 (1), p. 26).
2. *Une leçon de morale dans la rue* (A. BURDEAU, p. 10).
3. *L'honnête homme seul est heureux* (J. GÉRARD, p. 32).
4. *L'éducation*, par A. VESSIOT (BOYER, p. 22).

RÉDACTION

Que doit faire un enfant pour devenir un honnête homme, c'est-à-dire pour se faire aimer, estimer et considérer de ses semblables ?

---

(1) Pour le titre des ouvrages, voir la liste des auteurs en tête du carnet.

2me LEÇON

La conscience chez l'homme.

RÉSUMÉ

La conscience est en quelque sorte un instinct, une voix intérieure qui nous fait discerner le bien du mal. — Quand nous avons bien agi, la conscience nous approuve et nous possédons ce qu'on appelle la paix de l'âme ; quand nous avons mal fait, elle nous blâme et nous sommes poursuivis par le remords. — C'est surtout par la conscience que l'homme l'emporte sur la bête : nous sommes guidés par l'idée du devoir ; l'animal ne fait que céder à une volonté intérieure qui s'impose à lui. — La conscience ne naît pas et ne se forme pas en un jour ; elle s'élève et se développe, grâce aux leçons des parents et des maîtres.

QUESTIONNAIRE — Qu'est-ce que la conscience ? Que dit la conscience après une bonne ou une mauvaise action ? En quoi l'homme l'emporte-t-il sur l'animal ? Comment développe-t-on la conscience ?

MAXIMES ET PENSÉES

Va où tu voudras, tu y trouveras ta conscience.

Une bonne conscience est un doux oreiller.

Conscience qui parlemente est à demi-rendue.

Nul ne peut être heureux s'il ne jouit de sa propre estime.

La conscience parle à tous les hommes qui ne se sont pas, à force de dépravation, rendus indignes de l'entendre.

La gloire d'un homme de bien, c'est le témoignage d'une bonne conscience

La conscience nous avertit en ami avant de nous punir en juge.

LECTURES

1. *La Conscience*, par STOP (BOYER, p. 29).
2. *Du juste et de l'injuste*, par VOLTAIRE (Jules STEEG, p. 46).
3. *Ma Conscience*, par Jean AICARD (BOYER, p. 30).
4. *La Conscience*, par J.-J. ROUSSEAU (BOYER, p. 30).

RÉDACTION

Un enfant a commis une mauvaise action (mensonge ou désobéissance) : personne ne le sait. — Est-il heureux ? — Faites parler sa conscience.

3me, LEÇON
L'Homme libre.

RÉSUMÉ

Tout homme est libre, cela veut dire qu'il peut, à son gré, faire le bien ou le mal. Quand je fais une bonne ou une mauvaise action, je sais parfaitement qu'il dépend de moi d'agir d'une autre manière. — Toutefois, ce qu'on appelle la liberté peut augmenter ou diminuer dans le même homme, selon sa manière d'agir ; si je m'habitue à commander à mes passions, je suis plus libre et plus maître de moi-même ; si je cède sans cesse à mes mauvais instincts, il arrive un moment où je n'ai plus la force de leur résister. L'homme vertueux est vraiment libre, l'homme vicieux n'est bientôt plus qu'un misérable esclave. — La liberté rend l'homme responsable de ses actes.

QUESTIONNAIRE. — En quoi consiste la liberté? Quelle est l'influence de la liberté et du vice? Que produit la liberté ?

MAXIMES ET PENSÉES

La liberté de l'homme est un don inaliénable.

On a beau imposer des obstacles à l'homme, le lier, l'enchaîner, l'enfermer dans les murs d'une prison, il reste libre de vouloir le bien ou le mal, de se soumettre ou de résister.

La liberté règne où d'honnêtes gens habitent.

La liberté est un trésor qu'on ne conserve qu'à la condition d'en user.

LECTURES

1. *La liberté et la responsabilité* (Jules STEEG, No 15, p. 32).
2. *Latéranus et l'affranchi* (BOYER, p. 33).
3. *La responsabilité* (Jules STEEG, No 17, p. 73).
4. *La raison et la liberté* (G. COMPAYRÉ, No 7, p. 103).

RÉDACTION

Un de vos camarades a l'habitude de faire l'école buissonnière. La semaine dernière, il a emmené avec lui, dans le bois, deux jeunes élèves. Un grave accident est arrivé à l'un de ces derniers. Racontez le tout à un ami et dites ce que vous pensez de la conduite de ces écoliers.

4me LEÇON

L'Homme vertueux.

RÉSUMÉ

La vertu est une force morale qui nous porte sans cesse à faire le bien et à éviter le mal. — L'homme vertueux n'est pas celui qui accomplit quelque action éclatante, mais celui qui résiste, en toutes circonstances, à ses passions et à ses mauvais instincts. — De même que c'est en forgeant qu'on devient forgeron, de même aussi je deviendrai vertueux en déracinant sans relâche mes vices et mes défauts, en accomplissant purement et simplement mes devoirs de chaque jour, en me montrant toujours bon fils, excellent camarade, écolier studieux et soumis.

QUESTIONNAIRE. — Qu'est-ce que la vertu? Quel est l'homme qui mérite d'être appelé vertueux? Comment l'écolier deviendra-t-il vertueux?

MAXIMES ET PENSÉES

Tout s'apprend, même la vertu.

La vertu est tout ; la vie n'est rien.

La vertu consiste moins dans les actes extraordinaires que dans l'accomplissement pur et simple de nos devoirs journaliers.

Si la vertu nous demande d'abord un pénible labeur, le moment vient où l'habitude la rend douce et presque nécessaire.

L'homme qui nourrit un vice n'est pas un homme vertueux.

Tous les talents réunis ne valent pas la vertu.

LECTURES

1. *Le Cahier de Franklin*, par G. COMPAYRÉ (BOYER, p. 46).

2. *La monnaie de l'héroïsme*, par Paul MATRAT (BOYER, p. 43).

3. *Importance des habitudes*, par DE SÉGUR (BOYER, p. 45).

4. *La vertu : Histoire de Jacques B .. et de Washington* (Jules STEEG, No 15, p 38).

RÉDACTION

Portrait de l'écolier qui désire devenir un homme vertueux. Montrez-le bon élève, bon camarade et bon fils. Faites voir que le bonheur ou le malheur de toute la vie dépend souvent des habitudes contractées dans l'enfance.

5ᵐᵉ LEÇON

Récompenses de la vertu. — Châtiments du vice.

RÉSUMÉ

Quand j'ai accompli une bonne action, je ressens aussitôt une satisfaction intérieure : voilà ma première récompense : quand j'ai mal fait, je suis poursuivi par le remords : voilà ma première punition. — Je veux encore faire le bien pour être aimé et honoré de mes semblables. Je ne ferai pas le mal pour ne pas tomber sous le coup du mépris public. — Je n'ignore pas davantage que si je suis bon et honnête, j'ai bien plus de chance de réussir dans mes entreprises ; je suis également convaincu que l'inconduite me mènerait fatalement à la ruine. — Enfin, je suis persuadé que, plus tard, Dieu à son tour récompensera les bons et punira les méchants.

QUESTIONNAIRE. — Quelle est la première récompense de la vertu et quel est le premier châtiment du vice ? Pourquoi faut-il encore faire le bien et éviter le mal ? Quelles sont les conséquences matérielles de la bonne et de la mauvaise conduite ? Comment Dieu traitera-t-il les bons et les méchants ?

MAXIMES ET PENSÉES

L'utilité de la vertu est si manifeste que les méchants la pratiquent par intérêt.

Bonne renommée vaut mieux que ceinture dorée.

La satisfaction morale est le seul payement qui jamais ne nous manque.

On est souvent puni par où l'on a péché.

Les tortures du remords vont jusqu'à obliger les criminels à se dénoncer eux-mêmes.

LECTURES

1. *Les sanctions de la morale* (Jules STEEG, Nᵒ 15, p. 42).
2. *Le remords*, par Victor HUGO (BOYER, p. 48).
3. *Le parricide*, par FLORIAN (BOYER, p. 50).

RÉDACTION

On vient de donner une composition en histoire de France. — Jules, enfant courageux, a bien étudié ses leçons ; la joie brille dans son regard, il va réussir. — Louis, au contraire, enfant indolent et paresseux, n'a pas étudié. — L'air triste et préoccupé, il cherche son livre et copie ses leçons à la dérobée. — Le maître le voit ; qu'arrive-t-il ?

6ᵐᵉ LEÇON

Noblesse de la nature humaine.

RÉSUMÉ

Nous sommes d'abord supérieurs à l'animal par l'intelligence, par la sensibilité morale, par le don de la parole. — Nous l'emportons surtout sur lui par la conscience ; j'agis par devoir ; le chien qui défend son maître ne fait que céder à l'impulsion de sa sensibilité. Nous sommes libres de choisir entre le bien et le mal, et, par suite, responsables de nos actions ; l'animal n'a aucun de ces privilèges : le sommeil de l'assassin est troublé par l'idée de son crime ; la bête féroce déchire sa proie et dort profondément. — Puisque la dignité humaine est si grande, efforçons-nous donc de la conserver et de l'accroître.

QUESTIONNAIRE. — Quels sont les premiers privilèges qui rendent l'homme supérieur à la bête ? Par quoi surtout l'emportons-nous sur la bête ? Quels devoirs nous impose notre dignité ?

MAXIMES ET PENSÉES

L'homme n'est qu'un roseau, le plus faible de la nature, mais c'est un roseau pensant.

Toute notre dignité consiste en la pensée.

Dans l'espace et dans la durée, nous ne sommes qu'un point imperceptible ; par la pensée, nous arrivons à la véritable grandeur.

Noblesse oblige.

LECTURES

1. *L'homme*, par BUFFON (BOYER, p. 25).
2. *La pensée*, par PASCAL (BOYER, p. 27).
3. *La puissance de la pensée* (Jules STEEG, Nº 16, p. 15).

RÉDACTION

Un de vos camarades demande de lui bien expliquer la supériorité de l'homme sur les animaux. — Répondez-lui.

II. — LA FAMILLE

7me LEÇON

La maison paternelle ou la vie de famille.

RÉSUMÉ

La famille est cette petite société domestique qui comprend : le père, la mère et les enfants. — Toutefois, pour que la famille existe réellement, il ne suffit pas que ses membres habitent le même toit ; ils doivent encore s'aimer réciproquement et mettre en commun leurs joies et leurs peines, en un mot, ne former qu'un seul cœur. — Je dois surtout aimer la maison paternelle, en songeant à l'orphelin ; au foyer domestique, je trouve un père qui me guide, une mère qui m'aime, des frères et des sœurs qui partagent mes travaux et mes peines ; l'enfant sans famille, au contraire, est seul au monde, sans soutien, sans consolation, sans amour.

QUESTIONNAIRE. — Qu'est-ce que la famille ? Que faut-il pour que la famille existe réellement ? Pourquoi devons-nous aimer la maison paternelle et plaindre l'orphelin ?

MAXIMES ET PENSÉES

Chacun donne du pain, mais nul comme une mère.

Peines, travaux, veilles, rien ne coûte au père et à la mère quand il s'agit de leurs enfants.

Le nom d'un père honoré de tous est une fortune pour les enfants.

La famille est la sauvegarde de l'enfant.

La gloire d'un fils, ce doit être le nom de son père.

LECTURES

1. *La famille*, par BERSOT (BOYER, p. 53).
2. *Le nid*, par Emile SOUVESTRE (BOYER. p. 56).
3. *Le père et la fille*, par Victor HUGO (Jules STEEG, N° 16, p. 204).
4. *Souvenirs d'enfance*, par MARMONTEL (G. COMPAYRÉ et DEPLAN, p. 32).

RÉDACTION

Un pauvre orphelin vient de tomber malade dans votre village. — Il venait y chercher un parent parti depuis long-temps. Dites ce que vous pensez à la vue de cet infortuné.

8me LEÇON

Devoirs des parents envers leurs enfants.

RÉSUMÉ

Les parents doivent d'abord fournir à leurs enfants tout ce qui est nécessaire au développement et à l'entretien du corps. Le père travaille sans relâche pour gagner le pain quotidien ; la mère s'occupe du ménage et des soins à donner aux jeunes enfants. — Plus tard, les parents songeront à donner et à faire donner l'instruction et l'éducation à leur famille. — Ils ne doivent pas davantage oublier qu'il leur appartient de préserver leurs enfants des mauvaises compagnies, de les corriger avec douceur, mais sans faiblesse, quand ils font mal. Enfin, ils se rappelleront que c'est pour eux un devoir rigoureux de leur donner partout et toujours le bon exemple.

QUESTIONNAIRE. — Quels sont les devoirs du père et de la mère relativement aux soins corporels ? Relativement à l'instruction et à l'éducation ? Relativement à la correction et à la préservation du mal ? Relativement au bon exemple ?

MAXIMES ET PENSÉES

Heureux les enfants que leur père conduit à la perfection bien moins par la voie longue et difficile des préceptes que par le chemin court et facile des exemples.

Bien travaille qui élève bien son enfant.

On fait son propre bonheur en s'occupant de celui des siens.

Il faut laisser à ses enfants non beaucoup d'or, mais beaucoup d'honneur.

LECTURES

1. *Devoirs des parents envers leurs enfants* (Jules STEEG, N° 17, p. 231).

2. *L'éducation des enfants*, par J. BARNI (Jules STEEG, N° 16, p. 205).

3. *Devoirs des pères*, par MALEBRANCHE (Jules STEEG, N° 16, p. 241).

RÉDACTION

Faites le portrait du bon père ou de la bonne mère de famille.

9me LEÇON

Devoirs des enfants envers leurs parents : amour et respect.

RÉSUMÉ

L'enfant doit à ses parents : amour, respect, obéissance et reconnaissance. — J'aimerai mes parents de tout mon cœur : mon père ne travaille-t-il pas sans relâche pour me donner le pain de chaque jour ? N'est-ce pas ma mère qui m'a nourri de son lait, qui m'a soigné quand j'étais malade, qui m'a appris à parler et à marcher ? — Je respecterai mes parents, parce qu'ils sont mes supérieurs par l'âge, par l'expérience, par le rôle que la nature leur a assigné. Plus tard, quand ils seront vieux, je vénèrerai leurs cheveux blancs et je leur donnerai la place d'honneur à mon foyer.

QUESTIONNAIRE. — Enumérez les devoirs des enfants à l'égard de leurs parents ? Pourquoi aimez-vous votre père et votre mère ? Pourquoi respecterez-vous vos parents ? Comment faut-il les traiter dans leur vieillesse ?

MAXIMES ET PENSÉES

Dans la vieillesse de vos parents, souvenez-vous de votre enfance.

Honorer ses parents, c'est s'honorer soi-même.

L'amour filial est le premier des devoirs.

L'enfant, à tout âge, dit le Code, doit honneur et respect à ses père et mère.

LECTURES

1. *Souvenirs et regrets*, par DIDEROT (BOYER, p. 58).
2. *Sentiments de piété filiale*, par Louis PASTEUR (BOYER, p. 59).
3. *Aux enfants*, par LAMENNAIS (Jules STEEG, N° 16, p. 195).

RÉDACTION

Votre grand-père demeure chez vos parents. — Il est vieux, ses mains tremblent, ses jambes peuvent à peine le porter. — Dites ce que font vos parents, ce que vous faites vous-même pour rendre moins tristes les dernières années de ce bon et respectable vieillard.

10ⁿᵉ LEÇON

Devoirs des enfants envers leurs parents : obéissance et reconnaissance.

RÉSUMÉ

L'obéissance consiste à exécuter immédiatement et sans murmure tous les ordres de ses parents. Nous devons obéir à notre père et à notre mère, parce que la désobéissance leur fait de la peine, et en même temps parce que leurs conseils et leurs ordres sont toujours conformes à notre intérêt. — Nous serons reconnaissants envers nos parents si nous n'oublions pas les bienfaits que nous en avons reçus. — Nous nous acquitterons de ce devoir en les aidant dans leurs travaux, en les soulageant dans leurs maladies et leurs infirmités, en les secourant dans leurs vieux jours, en sacrifiant pour eux notre vie, si c'est nécessaire.

QUESTIONNAIRE. — Qu'est-ce que l'obéissance? Pourquoi devons-nous obéir à nos parents? En quoi consiste la reconnaissance? Comment nous acquitterons-nous de ce devoir?

MAXIMES ET PENSÉES

Heureux qui peut rendre à ses parents le bien qu'il en a reçu.
Obéis si tu veux qu'on t'obéisse un jour.
Ce n'est pas obéir qu'obéir lentement et en murmurant.
Celui qui délaisse ses parents quand ils ont besoin de lui commet un véritable crime.

LECTURES

1. *L'obéissance,* par Louis LIARD (BOYER, p. 66).
2. *La carpe et les carpillons,* par FLORIAN (BOYER, p. 67).
3. *La fille de l'aveugle* (VESSIOT, p. 113).

RÉDACTION

Imaginez une histoire dans laquelle vous montrerez un fils ingrat cruellement puni pour avoir manqué au devoir de la reconnaissance envers ses parents.

11ᵐᵉ LEÇON

Devoirs envers les vieillards et les grands-parents.

RÉSUMÉ

Je vénèrerai toujours les vieillards, j'écouterai leurs avis avec déférence, je ne me moquerai jamais d'eux ; dans la rue, je les saluerai avec respect et j'aurai soin de me détourner pour leur livrer passage. — J'ai surtout de grands devoirs à accomplir vis-à-vis de mes grands-parents. Je leur prouverai mon amour par mes attentions et mes prévenances affectueuses. — Je les aiderai dans leurs besoins en me montrant plein de complaisance pour eux, en adoucissant le poids de leurs infirmités ; en un mot, en étant toujours pour chacun d'eux un véritable bâton de vieillesse.

QUESTIONNAIRE. — Quels sont vos devoirs envers les vieillards en général ? Envers vos grands-parents en particulier ? Comment leur témoignerez-vous votre amour ? Comment les aiderez-vous ?

MAXIMES ET PENSÉES

La présence de l'aïeul est l'honneur de la maison.

Respectons et honorons les vieillards, qui sont l'image de nos grands-parents.

Comme tout ce qui est faible, triste et menacé, le vieillard a droit à une sympathie attentive et affectueuse.

Mets souvent dans ton esprit cette pensée triste, mais salutaire : « Ces têtes blanches qui sont là devant moi, qui sait si, dans peu, elles ne seront pas dans la tombe. »

LECTURES

1. *La grand'mère* (Jules STEEG, Nᵒ 16, p. 231).
2. *Respect aux vieillards*, par A. VESSIOT (BOYER, p. 75).
3. *Le fuseau de la grand'mère*, par Edouard PLOUVIER (BOYER, p. 76).

RÉDACTION

Près de votre demeure se trouve la maisonnette d'un

pauvre vieillard. — Il est souvent assis à sa porte, et plu-
sieurs fois par jour, vous passez et repassez près de lui. —
Que ferez-vous pour que ce bon vieux vous voie toujours avec
un nouveau plaisir.

12ᵐᵉ LEÇON

Devoirs des frères et sœurs entre eux.

RÉSUMÉ

Les frères et sœurs doivent d'abord s'aider, se protéger, se défendre dans les dangers ; ils doivent ensuite et surtout s'aimer réciproquement, s'efforcer de se faire plaisir les uns aux autres, se donner mutuellement de bons conseils et de bons exemples, mettre en commun leurs souffrances et leurs joies. Aux aînés, il appartient de donner à leurs frères et à leurs sœurs l'exemple de tout ce qui est généreux, noble et bon ; ils doivent, de plus, les aider, les protéger, prendre leur défense à l'occasion, et remplacer auprès d'eux le père et la mère, s'ils viennent à manquer. — Les jeunes frères considèreront l'aîné comme un second père et lui obéiront, afin de lui faciliter l'accomplissement de sa tâche.

QUESTIONNAIRE. — Quels sont les devoirs des frères et sœurs entre eux? Quels sont les devoirs particuliers des aînés? Des cadets à l'égard de leur aîné?

MAXIMES ET PENSÉES

Un frère est un ami donné par la nature.
L'amitié des frères fait le bonheur des parents.
Il n'y a rien de plus beau que l'amour fraternel, qui naît dès le berceau et qui grandit avec les années.

LECTURES

1. *Elisa Sellier*, *Madeleine Grobot* (J. GÉRARD, p. 61).
2. *Deux véritables frères*, par LAMARTINE (BOYER, p. 81).
3. *La sœur aînée*, par Mᵐᵉ Henry GRÉVILLE (BOYER, p. 81).

RÉDACTION

Vous êtes dans votre douzième année, vous avez un frère de neuf ans et une gentille petite sœur de sept ans. Dites ce que vous faites pour bien remplir votre rôle de sœur ou de frère aîné.

13me LEÇON

Devoirs des maîtres envers les serviteurs.

RÉSUMÉ

Si un jour je suis appelé à commander, je veux en tous points être un excellent maître. — Je considèrerai comme un devoir de justice de payer mes domestiques le plus exactement et le plus généreusement qu'il me sera possible. — En toutes circonstances, je les traiterai avec politesse et bienveillance, sans oublier jamais qu'ils sont des hommes comme moi. — S'ils viennent à être malades, je les ferai soigner, de sorte qu'ils voient en moi un ami et un protecteur autant qu'un maître. Enfin, s'ils font mal, je les reprendrai avec douceur et bonté, mais aussi sans faiblesse.

QUESTIONNAIRE. — Que ferez-vous si vous avez un jour des serviteurs? Comment les payerez-vous? Comment les traiterez-vous? Quelle sera votre conduite s'ils deviennent malades? S'ils font mal?

MAXIMES ET PENSÉES

Les bons maîtres font les bons serviteurs.

Traitons nos domestiques comme nous voudrions être traités nous-mêmes, si nous étions à leur place.

Regardez vos domestiques comme des amis malheureux.

Aux qualités qu'on exige des domestiques, combien de maîtres ne pourraient être valets.

Soyez le père de vos serviteurs et ils seront vos enfants.

LECTURES

1. *Devoirs des maîtres envers leurs serviteurs* (Jules STEEG, N° 16, p. 245).

2. *Serviteurs et maîtres*, par A. DE TOCQUEVILLE (Jules STEEG, N° 16, p. 246).

3. *La brosse*, par Xavier DE MAISTRE (BOYER, p. 86).

RÉDACTION

Riche et à la tête d'une grande exploitation, vous avez de

nombreux serviteurs. L'un d'eux tombe dangereusement malade. Comme sa famille est là tout près, vous le faites reconduire chez lui. Avez-vous rempli à son égard tous vos devoirs de bon maître ?

14me LEÇON

Devoirs des serviteurs envers leurs maîtres.

RÉSUMÉ

Si plus tard je suis au service d'un maître, je serai un serviteur respectueux et toujours obéissant. — Par mon ardeur au travail, par ma probité et mon dévouement à ses intérêts, je m'efforcerai de gagner sa confiance et son affection. Je n'imiterai pas ces mauvais domestiques qui ont sans cesse à la bouche des paroles amères contre leurs maîtres. — Je ne serai ni bavard, ni indiscret, ni importun. Enfin, par mes paroles et par mes actions, je porterai toujours au bien les enfants de la maison.

QUESTIONNAIRE. — Quels sont les devoirs d'un serviteur envers son maître? Quels défauts doit-il éviter? Comment doit-il agir avec les enfants?

MAXIMES ET PENSÉES

Si les bons maîtres font les bons serviteurs, les bons serviteurs font aussi les bons maîtres.

Si tu as des maîtres, c'est pour les servir et non pour t'en servir.

LECTURES

1. *Une servante modèle* (A. MÉZIÈRES, p. 13).
2. *Le secret de M. Craponne* (A. BURDEAU, p. 82).
3. *Une bonne servante,* par Maxime DU CAMP (BOYER, p. 88).

RÉDACTION

Tout jeune encore (15 ans), vous êtes entré en service, en qualité de domestique, dans une famille riche et honorable. Les enfants sont un peu plus jeunes que vous. Qu'allez-vous faire pour gagner la confiance et l'estime de tout ce monde et mériter de vivre longtemps heureux dans cette bonne maison.

III. — L'ÉCOLE

15ᵉ LEÇON

Rôle et importance de l'école. — Instruction et éducation.

RÉSUMÉ

Nous devons aimer l'école parce que c'est là que nous trouverons ces deux biens si précieux qu'on appelle l'*Instruction* et l'*Éducation*. — Je veux aller à l'école pour développer mes facultés intellectuelles, pour puiser dans les leçons de mon maître les belles connaissances qui me permettront de gagner plus facilement ma vie et qui me rendront l'existence plus douce et plus agréable ; en un mot, je m'efforcerai d'acquérir une bonne et solide instruction. — J'irai chercher à l'école un bien plus précieux encore : l'éducation morale ; grâce à elle, en même temps que se formera mon caractère, je deviendrai un homme honnête et vertueux, un citoyen utile à ma Patrie et à mes semblables.

QUESTIONNAIRE. — Pourquoi devons-nous aimer l'école ? Pourquoi voulez-vous aller à l'école ? Qu'irez-vous encore chercher à l'école ?

MAXIMES ET PENSÉES

Le peuple qui a les meilleures écoles est le premier peuple ; s'il ne l'est pas aujourd'hui, il le sera demain.

L'école est une petite patrie dans la grande, une patrie moins large assurément, mais plus intime

L'étude est un sûr préservatif contre l'ennui.

L'instruction fait l'homme capable ; l'éducation fait l'homme honnête.

LECTURES

1. *L'école d'autrefois et l'école d'aujourd'hui* (A. BURDEAU, p. 39).
2. *L'école* (DE AMICIS, p. 191).
3 *Poésie de l'école* (DE AMICIS), p. 272.

RÉDACTION

Au moment de quitter définitivement l'école, vous exprimez à un ami tous les sentiments qui assiègent votre âme à la vue du maître dévoué que vous allez quitter, à la vue de cette classe où tout vous parle. — Vous faites vos adieux à cette école où vous avez grandi en sagesse et en science, où vous avez puisé tout ce qu'il faut pour le combat de la vie.

16ᵐᵉ LEÇON

Le bon écolier. — Assiduité et docilité.

RÉSUMÉ

Pour être bon écolier, je ne m'absenterai pas de la classe sans motif sérieux et je n'arriverai jamais en retard, je serai assidu et ponctuel. — Quand j'agis autrement, je perds un temps précieux, je dérange la classe et me mets dans l'impossibilité de faire des progrès sérieux. — Je veux aussi être docile et obéissant envers mon maitre, pour ne pas lui faire de la peine, pour rendre sa tâche plus facile, et, en même temps, pour profiter davantage de ses leçons.

QUESTIONNAIRE. — Qu'éviterez-vous pour être bon écolier ? Que faites-vous quand vous agissez autrement ? Pourquoi voulez-vous aussi être docile et obéissant ?

MAXIMES ET PENSÉES

Bon écolier, bon ouvrier.
Apprenls en pleurant, tu gagneras en riant.
Laissez dire les sots, le savoir a son prix.
Par savoir vient avoir.

LECTURES

1. *Bonnes résolutions* (DE AMICIS, p. 116).
2. *Le devoir de s'instruire*, par ERCKMANN-CHATRIAN (BOYER, p. 95).
3 *La jeunesse du général Drouot*, par LACORDAIRE (BOYER, p. 96).

RÉDACTION

Votre condisciple Julien a la mauvaise habitude d'arriver trop tard en classe. Faites-lui bien comprendre le tort qu'il se fait et engagez-le vivement à agir autrement.

17me LEÇON

Le bon écolier. — Travail, ordre et propreté.

RÉSUMÉ

En classe, j'apprendrai bien mes leçons, je ferai exactement mes devoirs, je travaillerai avec toute l'ardeur dont je suis capable. — En agissant ainsi, j'acquerrai d'abord pour moi-même une instruction solide ; de plus, j'aurai la satisfaction d'avoir accompli mon devoir envers mes parents, envers mon maître, envers ma Patrie, qui s'imposent tant de sacrifices pour moi. — Je veux encore que mes livres et mes cahiers soient toujours bien en ordre. De même aussi, je veillerai à ce que mon visage, mes mains et mes vêtements soient toujours bien propres.

QUESTIONNAIRE. — Que ferez-vous en classe ? Quel but atteindrez-vous en agissant ainsi ? Comment tiendrez-vous vos livres et vos cahiers ?

MAXIMES ET PENSÉES

Le travail fait le bonheur.
L'ennui est entré dans le monde par la paresse.
La meilleure des récompenses est la satisfaction du devoir accompli.

LECTURES

1. *Les devoirs de l'écolier* (BURDEAU, p. 36).
2. *L'écolier laborieux* (G. COMPAYRÉ et DELPLAN, p. 37).
3. *L'école* (G. COMPAYRÉ et DELPLAN, p. 34).

RÉDACTION

Lucien arrive en classe. Tout en lui dénote un enfant paresseux et sans goût. Faites voir le désordre de sa toilette, de ses livres et de ses cahiers, et tirez une conclusion.

18ᵐᵉ LEÇON

Le bon camarade.

RÉSUMÉ

Pour être bon camarade, je ne serai ni taquin, ni railleur, ni médisant à l'égard de mes compagnons. Je supporterai leurs défauts, je leur rendrai service, j'apaiserai les querelles, je ne serai point jaloux de leurs succès. Je protégerai les plus faibles et ceux qui sont moins bien doués. Enfin, je donnerai à tous de bons conseils et de bons exemples. Quand je serai devenu homme, je resterai toujours l'ami sincère et dévoué de mes camarades d'école.

QUESTIONNAIRE. — Que ferez-vous pour être bon camarade ?

MAXIMES ET PENSÉES

Dis-moi qui tu hantes, je te dirai qui tu es.

Aimez vos camarades et ils vous aimeront.

Un ami est un frère que nous nous sommes choisi.

Fais le même visage à ton camarade malheureux qu'à celui que le bonheur favorise.

L'on ne peut aller loin dans l'amitié si l'on n'est disposé à se pardonner les uns aux autres ses petits défauts.

LECTURES

1. *Allocution à des élèves*, par Frédéric PASSY (BOYER, p. 106).
2. *Les deux amis*, par LA FONTAINE (BOYER, 107).
3. *Les camarades* (G. COMPAYRÉ, p. 39).

RÉDACTION

En vous rendant à l'école, vous rencontrez deux camarades plus jeunes que vous qui se disputent. A la querelle succède la colère ; ils vont se battre. Que ferez-vous pour vous montrer bon camarade ?

19ᵐᵉ LEÇON

Devoirs envers l'instituteur (Affection, Respect).

RÉSUMÉ

J'ai quatre grands devoirs à remplir à l'égard de mon maître : je dois l'aimer, le respecter, lui obéir et lui témoigner de la reconnaissance. — Je dois aimer mon instituteur parce qu'il est pour moi un second père. Mes parents me fournissent tout ce qui est nécessaire au corps : l'œuvre de mon maître consiste à développer en moi la vie morale et intellectuelle, en m'inculquant les principes qui font l'honnête homme, en m'inspirant l'amour de ces vertus qui rendent le citoyen utile à sa patrie. — Je dois respecter mon maître, parce qu'il est placé bien au-dessus de moi par l'âge, par l'éducation et par les connaissances.

QUESTIONNAIRE. — Quels sont vos quatre grands devoirs envers votre maître? Pourquoi devez-vous l'aimer, le respecter?

MAXIMES ET PENSÉES

Vous n'avez pas de meilleur ami que votre instituteur.

La reconnaissance pour ceux qui ont travaillé à notre éducation fait le caractère d'un honnête homme et d'un bon cœur.

LECTURES

1. *Les devoirs envers l'instituteur* (G. COMPAYRÉ, N° 6, p. 35).
2. *L'instituteur modèle* (G. COMPAYRÉ, N° 6, p. 35).
3. *Gratitude* (DE AMICIS, p. 83).

RÉDACTION

Causant avec un ami intime, vous cherchez ensemble les motifs qui doivent vous porter à aimer et à respecter votre maître. Ecrivez votre conversation.

20ᵐᵉ LEÇON

Devoirs envers l'instituteur (suite).
Obéissance, reconnaissance.

RÉSUMÉ

Je dois obéir à mon maître parce qu'il est mon supérieur et que mon intérêt l'exige : tout ce qu'il me prescrit est pour mon plus grand bien. — Mon dernier devoir envers mon maître est celui de la reconnaissance ; ce serait faire preuve de mauvais cœur de me montrer ingrat envers celui qui m'a comblé de tant de bienfaits. - Je dois me rappeler toujours les paroles que prononçait le grand Carnot, en montrant son vieux maître : « Voilà, après mes parents, l'homme à qui je dois le plus, voilà mon second père. »

QUESTIONNAIRE. — Pourquoi devez-vous obéir à votre maître ? Quel est votre dernier devoir envers lui ? Citez un beau trait de reconnaissance.

MAXIMES ET PENSÉES

Aime ton instituteur parce qu'il ouvre et éclaire ton intelligence.

C'est être un monstre que de ne pas aimer ceux qui ont cultivé notre âme.

Celui qui nous instruit est pour nous un second père.

En vous reprenant quand vous manquez, votre maître accomplit un devoir, en même temps qu'il vous donne une preuve réelle d'intérêt et d'affection.

LECTURES

1. *Un précepteur à ses élèves*, par FÉNELON (BOYER, p. 102).
2. *L'instituteur*, par Victor HUGO (BOYER, p. 104).

RÉDACTION

Que je suis donc content, dit Léon en quittant l'école pour la dernière fois. C'est fini, plus de maître à craindre. — Ah ! je m'en souviendrai de ce maître ! m'a-t-il assez de fois retenu dans son école !... Que pensez-vous de ce souvenir à l'égard du maître ?

21me LEÇON

Devoirs de l'élève après sa sortie de l'école.

RÉSUMÉ

En quittant l'école, je ne dois pas dire adieu pour toujours à mes livres ; je veux m'efforcer de compléter l'œuvre de mon éducation et de mon instruction. A mes heures de loisir, je lirai de bons livres pour étendre et développer mes connaissances, je fréquenterai les cours d'adultes, j'aimerai à entendre des conférences instructives faites par des hommes sérieux. Autant que possible, je ferai partie d'une société musicale, pourvu qu'elle soit dirigée par des hommes honorables. — Si je rencontre quelque difficulté, j'irai chercher des conseils auprès de mon ancien maître qui, j'en suis convaincu, se fera un plaisir de m'éclairer de ses lumières.

QUESTIONNAIRE. — Que ferez-vous après la sortie de l'école ? Quel homme devez-vous consulter ?

MAXIMES ET PENSÉES

Tant que tu vivras, cherche à t'instruire.
L'ignorance est le pire des esclavages.
L'instruction révèle à l'homme sa propre dignité.
Les livres sont à l'âme ce que les aliments sont au corps.
La lecture est une partie du devoir de l'honnête homme.

LECTURES

1. *La science du bonhomme Richard* (G. COMPAYRÉ et DEPLAN, page 41).
2. *Adieux* (DE AMICIS, page 313).
3. *Derniers conseils aux enfants qui vont quitter l'école*, par JOUFFROY (BOYER, page 115).

RÉDACTION

Vous avez quitté l'école depuis quelques années. Dans une lettre à un ami, vous lui dites l'emploi de vos longues soirées d'hiver, ce que vous faites pour perfectionner votre éducation et votre instruction.

22ᵐᵉ LEÇON

L'enfant en apprentissage.

RÉSUMÉ

Lorsque je quitterai l'école, je choisirai le métier qui me paraîtra le plus en rapport avec mes aptitudes et le plus conforme à la condition de mes parents. — Pendant mon apprentissage, je serai laborieux et appliqué au travail, docile et déférant envers mon maître, afin d'arriver plus rapidement, non seulement à gagner ma vie, mais encore à venir en aide à mes parents. — En dehors de l'atelier, je fuirai avec grand soin les mauvais camarades, je ne fréquenterai pas les cabarets, je contracterai des habitudes d'économie, en ne dépensant pas en futilités l'argent qui me sera donné pour mes plaisirs.

QUESTIONNAIRE. — Que ferez-vous quand vous aurez quitté l'école ? Quels seront vos devoirs pendant votre apprentissage ? Comment vous conduirez-vous au dehors de l'atelier ?

MAXIMES ET PENSÉES

Douze métiers, treize misères.

Il n'est si petit état qui ne nourrisse son maître.

Tout métier est noble quand on le fait bien, et heureux quand on a la sagesse de s'en contenter.

LECTURES

1. *Le bon ouvrier des villes*, par Eugène MANUEL (BOYER, p. 117).
2. *Travail et progrès*, par Eug. PELLETAN (Jules STEEG, N° 16, p. 120).
3. *Histoire d'un atelier* (A. BURDEAU, p. 93).

RÉDACTION

Apprenti dans une grande imprimerie depuis un mois, vos parents redoutent pour vous le danger des mauvaises sociétés. — Vous les rassurez en leur disant comment vous employez vos heures de loisirs.

23ᵐᵉ LEÇON

Le futur travailleur des champs.

RÉSUMÉ

Enfant de la campagne, je ne rêve point la vie des villes, je veux partager avec mon père les travaux de la ferme et cultiver les champs que nous ont laissés nos ancêtres. Si je ne rencontre pas à la maison paternelle tous les plaisirs des grandes cités, je suis au moins sûr d'y trouver un air plus sain, une santé plus robuste, des joies plus douces et moins factices. — A la ferme, je donnerai tous mes soins à l'élevage du bétail, j'appliquerai à la culture de mes terres les procédés nouveaux fournis par la science. — Le cultivateur est le citoyen le plus utile au pays : c'est lui qui procure à tous le pain quotidien et donne à la Patrie ses plus robustes défenseurs.

QUESTIONNAIRE. — Pourquoi le fils du cultivateur doit-il rester au village ? Que doit-il faire à la ferme ? Pourquoi le paysan est-il si utile à la patrie ?

MAXIMES ET PENSÉES

Heureux l'homme des champs s'il connait son bonheur.

Labourage et pâturage sont les deux mamelles de la France, les vraies mines du Pérou.

La Patrie vit du concours et du travail de tous ses enfants.

Fille de village ne rêve point la vie des villes, ne déserte point la ferme, ne te laisse pas tromper par les espérances, ne va pas où l'on étouffe, reste où l'on respire.

LECTURES

1. *Le bonheur des champs*, par ANDRIEUX (BOYER, p. 118).

2. *Aux jeunes filles des campagnes*, par Paul JOIGNEAUX (BOYER, p. 116).

RÉDACTION

Votre cousin Henri, jeune garçon de votre âge, habitant la ville, est venu passer huit jours chez vous. — En parcourant la campagne, vous lui parlez des charmes de la vie rustique et de vos projets d'avenir.

4

IV. — LA PATRIE

24ᵐᵉ LEÇON

Notion de la Patrie. — La France.

RÉSUMÉ

La Patrie forme en quelque sorte une grande famille dont tous les membres vivent sur le même sol, parlent la même langue, obéissent aux mêmes lois et mettent en commun leurs joies et leurs tristesses. — La Patrie est née de la nécessité où se trouvent les hommes de s'associer pour se défendre contre leurs ennemis et pourvoir aux besoins de leur existence. — Notre Patrie, à nous, c'est cette belle terre de France, si privilégiée par son climat et la fertilité de son sol ; c'est ce pays si justement connu dans le monde entier, par le génie, par la générosité et l'héroïsme de ses habitants.

QUESTIONNAIRE. — Qu'est-ce que la Patrie ? Comment la Patrie se constitue-t-elle ? Parlez de notre Patrie et de ses avantages ?

MAXIMES ET PENSÉES

On n'emporte pas la Patrie à la semelle de ses souliers.

A tous les cœurs bien nés que la Patrie est chère !

La France est le plus beau royaume après celui des cieux.

S'il est doux de mourir pour la Patrie, il ne l'est pas moins de vivre pour elle, de lui consacrer son temps, ses forces et le meilleur de son cœur.

LECTURES

1. *Le vrai patriotisme*, par Jules SIMON (Jules STEEG, Nᵒ 16, p. 314).
2. *Rôle de la France dans le monde*, par Louis BLANC (BOYER, p. 121).
3. *La France civilisatrice*, par GUIZOT (BOYER, p. 121).

Jean, votre petit frère, rentre de l'école. On y a parlé de la Patrie, mais il n'a pas bien compris ce que ce mot signifie. Il vous prie de le lui expliquer : faites-le.

25ᵉ LEÇON

Grandeurs et malheurs de la Patrie.

RÉSUMÉ

Au récit des grandeurs de la Patrie, je sens mon âme tressaillir d'une légitime fierté. Je considère comme des héros : Jeanne d'Arc, Du Guesclin, Turenne, les soldats de la Révolution et du premier empire. Je n'admire pas moins les grands hommes qui ont illustré la France dans les lettres, les sciences et les arts. — C'est au contraire avec les larmes dans les yeux que je vois le sol foulé aux pieds aux époques d'invasion. Nos derniers revers de 1870 me plongent surtout dans la plus grande tristesse. Toutefois, je constate avec orgueil que notre Patrie s'est toujours dignement relevée de ses désastres et qu'elle poursuit régulièrement le cours de ses glorieuses destinées.

QUESTIONNAIRE. — Quels sentiments vous inspire le récit des grandeurs de notre Patrie ? Que pensez-vous de ses malheurs et de son relèvement après l'adversité ?

MAXIMES ET PENSÉES

En fait de souvenirs nationaux, les deuils valent mieux que les triomphes ; la souffrance en commun unit plus que la joie.

Dans l'air que respire tout homme civilisé, il y a quelque chose de la France.

Tant que le patriotisme subsiste, la Patrie ne peut mourir.

Contribuer à la grandeur de la Patrie, c'est assurer le bonheur de l'humanité.

LECTURES

1. *Hier et demain*, par GAMBETTA (BOYER, p. 127).
2. *Le vrai patriote*, par SILVIO PELLICO (BOYER, p. 128).
3. *Morts pour la patrie*, par Victor HUGO (BOYER, p. 130).

RÉDACTION

Pourquoi devez-vous être fier et heureux d'être Français ?

26ᵐᵉ LEÇON

Aimons notre Patrie.

RÉSUMÉ

J'aime de tout mon cœur la France, ma patrie, parce qu'elle est pour moi une seconde mère de qui j'ai reçu tous les biens que je possède. Je l'aime encore parce que ses habitants sont pour moi des frères : ne sommes-nous pas tous du même sang? N'avons-nous pas tous les mêmes intérêts et les mêmes espérances? Je l'aime, enfin, à cause des luttes héroïques qu'elle a soutenues dans le monde entier pour la cause du droit et de la liberté. — Je veux prouver ma reconnaissance à ma Patrie en me montrant maintenant bon fils, bon frère, bon écolier, afin de devenir plus tard un honnête citoyen et un brave soldat.

QUESTIONNAIRE. — Pourquoi aimez-vous la France? Comment lui prouverez-vous votre amour maintenant et plus tard?

MAXIMES ET PENSÉES

Nous ne sommes pas nés pour nous, mais pour la Patrie.

On agit contre la nature toutes les fois que l'on combat contre sa patrie.

Celui qui n'aime pas sa patrie absolument, aveuglément, ne sera jamais que la moitié d'un homme

Tu n'oublieras jamais que ta mère est la France

LECTURES

1. *Il faut aimer la Patrie plus que tout au monde* (J. GÉRARD. p. 143).

2. *Aucune patrie ne mérite d'être aimée plus que la France* (J. GÉRARD, p. 148).

3. *Le patriotisme*: Récits (G. COMPAYRÉ, N° 6, p. 57).

RÉDACTION

Transportez-vous en esprit en Angleterre, chez un parent habitant ce pays depuis longtemps. Au bout de quelque temps, ce parent propose de vous garder pour toujours, disant : « Pourquoi aimerais-tu mieux la France que l'Angleterre ? » Répondez énergiquement.

27ᵉ LEÇON

Obéissons aux lois de notre pays.

RÉSUMÉ

Les lois ont pour but de faire respecter la vie, la liberté, la propriété, l'honneur de tous les citoyens, c'est-à-dire de les protéger contre l'injustice. — Nous devons obéir aux lois parce qu'elles sont faites dans l'intérêt de tous ; sans elles, le droit des faibles serait méconnu, la violence et la fraude ne seraient pas réprimées, la société deviendrait la proie de l'anarchie. — Chaque citoyen a le devoir de connaître la loi ; s'il était permis d'alléguer son ignorance de la loi, la société serait bientôt livrée aux entreprises des malhonnêtes gens, que la voix de la conscience ne suffit pas à retenir dans la voie du devoir.

QUESTIONNAIRE. — A quoi servent les lois ? Pourquoi faut-il obéir aux lois ? Est-il permis d'ignorer les lois ?

MAXIMES ET PENSÉES

Nul n'est censé ignorer la loi.

Les lois ont pour but d'assurer la tranquillité des citoyens en les retenant dans les limites de la justice.

Dans un pays libre, comme la République française, il n'y a qu'un seul maître : la Loi.

L'amour de la Patrie implique l'obéissance aux lois.

Pas de lois, pas de société, pas de civilisation.

LECTURES

1. *La loi* (Jules SIMON, p. 11).
2. *Socrate* (BARRAU, p. 325).
3. *Le danseur de corde et le balancier*, par FLORIAN (BOYER, p. 135).

RÉDACTION

Lisez la fable : *Le danseur de corde et le balancier*. Faites voir ensuite que les lois sont aussi nécessaires à notre sécurité que le balancier l'était à celle du jeune acrobate.

28ᵐᵉ LEÇON

Préparons-nous à devenir bons soldats.

RÉSUMÉ

Quand j'aurai vingt ans, je veux être soldat et payer volontiers à mon pays l'impôt du sang ; s'il faut défendre son indépendance contre des envahisseurs, je n'hésiterai pas à sacrifier ma' vie pour lui. — Pour me préparer à devenir un bon soldat, dès maintenant je me livrerai avec ardeur à l'étude, je m'habituerai à l'obéissance et je me fortifierai les membres par la gymnastique. — A la caserne, en temps de paix, je serai également soumis à mes chefs et je m'efforcerai d'acquérir les qualités d'un bon soldat. — J'ai la plus grande horreur pour ces lâches jeunes gens qui se mutilent ou s'efforcent par des moyens coupables d'échapper à la loi militaire.

QUESTIONNAIRE. — Que voulez-vous faire plus tard pour la Patrie? Comment vous préparez-vous à remplir ce devoir à l'école? à la caserne? Que pensez-vous des jeunes gens qui cherchent à échapper à la loi militaire ?

MAXIMES ET PENSÉES

Si tu veux la paix, prépare la guerre.

Le courage n'est pas seulement une vertu, c'est la sauvegarde de toutes les autres.

Il n'y a qu'une forteresse imprenable : c'est un cœur vaillant.

L'impôt du sang est égal pour tous.

LECTURES

1. *La Patrie est une famille* (MABILLEAU, p. 159).
2. *Le devoir militaire* (Jules SIMON, p. 50).
3. *Devoirs envers la Patrie et la société* (A. MÉZIÈRES, p. 36).

RÉDACTION

Ces jours derniers, à la soirée, votre père racontait qu'un de ses camarades s'était coupé l'index de la main droite pour échapper au service militaire. Que pensez-vous de sa conduite?

29ᵐᵉ LEÇON

Aimons le drapeau tricolore.

RÉSUMÉ

Le drapeau tricolore, notre drapeau national, est le symbole et l'emblème de la Patrie. Comme on l'a dit avec raison, il a fait le tour du monde avec nos gloires et nos libertés ; n'est-ce pas à l'ombre de ses plis que se sont accomplis les principaux actes d'héroïsme de nos soldats, depuis la fin du siècle dernier jusqu'à nos jours ? — A l'exemple de tous les Français qui ont au cœur le culte de la Patrie, je saluerai le drapeau quand je le rencontrerai, car avec lui, c'est la France qui passe. — Si je suis appelé, par mon devoir, sur les champs de bataille de l'avenir, je regarderai le drapeau avec amour, pour me donner du courage, et s'il est attaqué, je le défendrai jusqu'à mon dernier souffle.

QUESTIONNAIRE. — Que représente le drapeau tricolore ? De quoi est-il l'emblème ? Que lui devons-nous en temps ordinaire ? En temps de guerre ?

MAXIMES ET PENSÉES

Rien de grand ne se fera si l'âme de la nation ne respire dans les plis du drapeau.

Là où est le drapeau, là est la Patrie.

LECTURES

1. *Le drapeau*, par Alphonse DAUDET (BOYER, p. 140).
2. *Au porte-drapeau*, par DÉROULÈDE (CAZES, p. 324).
3. *Le drapeau*, par CLARETIE (CAZES, p. 340).

RÉDACTION

Fatigué d'une longue course, vous vous reposez en face d'un hôtel de ville. Le drapeau tricolore attire aussitôt vos regards et évoque vos souvenirs historiques et patriotiques. Retracez-les.

30ᵐᵉ LEÇON

Filles et femmes françaises, soyons patriotes.

RÉSUMÉ

Si es femmes sont dispensées du service militaire, elles doivent comme les hommes avoir au cœur l'amour de la Patrie. Au foyer domestique, une mère vraiment patriote donnera à ses enfants une éducation virile, elle leur inspirera le désir de se dévouer pour leur pays. — Si la guerre vient à éclater, elle se montrera forte et sans défaillance; au moment des adieux, elle encouragera ses fils à faire leur devoir sans faiblesse et sans peur.

Une femme vraiment française prêtera son concours le plus actif lorsqu'il s'agira de venir en aide aux blessés; si la proximité du théâtre de la guerre le permet, elle se fera un pieux devoir de panser leurs blessures, de les consoler, de remplacer auprès d'eux leur mère absente; si la distance lui interdit ce rôle, elle s'efforcera de les soulager en leur faisant parvenir d'abondants secours.

QUESTIONNAIRE. — En quoi consiste le patriotisme des femmes pendant la paix? Pendant la guerre? Quels sont leurs devoirs envers les blessés?

MAXIMES ET PENSÉES

« O femmes, c'est à tort qu'on vous nomme timides;
A la voix de vos cœurs, vous êtes intrépides. »
Les mères spartiates disaient à leurs fils, en leur remettant le bouclier: « Reviens avec ou dessus » ce qui voulait dire : Reviens vainqueur ou mort.

LECTURES

1. *Une paysanne héroïque* (BAILLY et DODEY, p. 51).
2. *Les femmes et la Patrie*, par Mᵐᵉ Henry GREVILLE (BOYER, p. 146).
3. *La sortie*, par Victor HUGO (BOYER, 147).

RÉDACTION

Dites-moi, mon enfant, pour être une vraie patriote, est-il nécessaire de faire des actions d'éclat comme celles de Jeanne d'Arc, de Jeanne Hachette et bien d'autres?

31me LEÇON

Payons consciencieusement l'impôt.

RÉSUMÉ

Je veux payer fidèlement l'impôt à l'Etat pour lui permettre d'entretenir ses armées, ses flottes, sa police, ses magistrats, ses fonctionnaires de toute espèce. Sans impôts, il lui serait également impossible de creuser des canaux et des ports, de construire des écoles, d'avoir des ambassadeurs auprès des gouvernements étrangers. — Si je ne paye pas fidèlement l'impôt, je ne vole pas seulement l'Etat, je vole aussi les autres contribuables qui seront obligés de payer pour moi et de combler le déficit. Frauder, c'est donc voler ses concitoyens, et par conséquent faire une mauvaise action.

QUESTIONNAIRE. — Pourquoi voulez-vous payer fidèlement l'impôt ? De quoi vous rendez-vous coupable si vous ne payez pas fidèlement l'impôt ?

MAXIMES ET PENSÉES

Frauder, c'est faire payer à d'autres ce que l'on doit payer soi-même.
Frauder, c'est voler.
Sous prétexte qu'il ne vole personne, le fraudeur vole tout le monde.

LECTURES

1. *Utilité de l'impôt*, par GUYAU (BAILLY et DODEY, p. 64).
2. *L'impôt*, par THIERS (CAZES, p. 241).
3. *La fraude*, par A. VESSIOT (BOYER, p. 136).

RÉDACTION

Que penser de la fausseté de ce dicton populaire : Il n'est pas défendu de faire la fraude, mais bien de se laisser prendre ?

5

32ᵐᵉ LEÇON

Allons voter et votons selon notre conscience.

RÉSUMÉ

A chaque élection, je voterai parce que c'est un devoir sacré, parce qu'il s'agit de la prospérité de la Patrie, parce que je ne veux pas être ingrat envers nos pères qui ont soutenu tant de luttes pour obtenir ce droit précieux. — Je voterai selon ma conscience sans me laisser corrompre ou intimider, choisissant toujours, pour me représenter, des hommes honnêtes ou éclairés qui défendront mes idées et travailleront pour le bien du pays. — Pour émettre un vote éclairé, à l'approche de chaque élection, je m'instruirai, par tous les moyens en mon pouvoir, sur la valeur morale et intellectuelle des divers candidats.

QUESTIONNAIRE. — Quand vous serez électeur, que ferez-vous à chaque élection ? Comment voterez-vous ? Que ferez-vous pour émettre un vote éclairé ?

MAXIMES ET PENSÉES

Celui qui ne vote pas n'est pas digne d'être membre d'une nation libre.

Jugez et votez en hommes sensés, qui savent ce qu'ils font et ce qu'ils veulent.

C'est dans le bulletin de vote que réside la Souveraineté nationale.

Vendre son vote, c'est vendre sa conscience.

L'électeur qui se laisse guider par son intérêt personnel est un mauvais patriote.

LECTURES

1. *Devoirs de l'électeur*, par Charles BIGOT (BOYER, p. 153).
2. *Les élections* (Jules SIMON, p. 148).
3. *Le suffrage universel*, par Victor HUGO (BOYER, p. 156).

RÉDACTION

Dans huit jours, le scrutin sera ouvert pour élire un député Votre voisin et ami va voter pour la première fois. Il ne comprend pas bien l'importance du vote ; vous le lui expliquez et lui donnez quelques conseils.

33ᵐᵉ LEÇON

Acceptons les mandats électifs. — Remplissons-les consciencieusement.

RÉSUMÉ

En général, le devoir civique nous défend de refuser un mandat électif par amour du repos et par crainte des responsabilités. — Refuser d'accepter un poste pour lequel nos aptitudes et la confiance unanime de nos concitoyens nous désignent, c'est un véritable crime aux époques de troubles, quand les circonstances sont particulièrement graves, quand, en se retirant, on laisse le champ libre à un citoyen indigne. — Les élus doivent soutenir, en toutes circonstances, les intérêts de leurs électeurs, assister régulièrement aux séances, se laisser toujours guider par le bien du pays et être inaccessibles à la corruption.

QUESTIONNAIRE. — Est-il permis de refuser un mandat électif ? Quand l'obligation de ce mandat est-elle plus rigoureuse ? Quel est le devoir des élus ?

MAXIMES ET PENSÉES

Rester indifférent au sort de son pays, n'avoir aucun avis sur la marche des affaires publiques, c'est une abdication honteuse et condamnable.

C'est n'être bon à rien que n'être bon qu'à soi-même.

Partout où a pénétré l'égoïsme, la vie morale est atteinte ; l'homme se replie sur lui-même et le cœur se dessèche.

LECTURES

1. *Les hommes utiles*, par J. JANIN (G. COMPAYRÉ et DEPLAN, p. 137).
2. *Un grand citoyen* (BARRAU, p. 316).
3. *Fermeté civique* (BARRAU, p. 327).

RÉDACTION

Un camarade, fils du maire de votre village, vous disait ce matin : « Quand je serai grand, je ne serai pas maire comme mon père ; maman dit souvent que c'est une place qui coûte cher, et puis, on est continuellement dérangé. » Témoignez-lui votre surprise de l'entendre parler ainsi.

V. — DEVOIRS DE L'HOMME

34me LEÇON

Le corps et l'âme.

RÉSUMÉ

L'homme est formé par l'union intime d'un corps et d'une âme. — Le corps est la partie matérielle, visible et palpable de l'homme, c'est le corps qui respire, digère et vit; mais sans avoir la conscience de ce qu'il fait : c'est le serviteur de l'âme. — L'âme est la partie immatérielle et spirituelle de l'homme : c'est l'âme qui pense, veut et sent; elle commande au corps. — Le physique est tout ce qui a rapport au corps de l'homme; le moral, tout ce qui est relatif à l'âme.

QUESTIONNAIRE. — De quoi l'homme est-il formé ? Qu'est-ce que le corps ? Qu'est-ce que l'âme ? Définissez les mots physique et moral ?

MAXIMES ET PENSÉES

La vie, c'est l'union de l'âme et du corps ; la mort, c'est leur séparation.

Nous devons prendre pour règle de conduite ce précepte ancien : Une âme saine dans un corps sain.

LECTURES

1. *Ce que c'est que l'âme*, par FÉNELON (G. COMPAYRÉ et DEPLAN, p. 141).

2. *L'esprit et le corps*, (J. STEEG, N° 15, p. 24).

3. *Le corps et l'âme*, par GIRARD (BOYER, p. 160).

RÉDACTION

Votre petite sœur vous écoute étudier votre résumé de morale. Tout à coup, elle vous dit : « Moi aussi, frère, j'ai une âme ? » — Causez avec elle et dites-lui ce que vous savez sur ce point.

35me LEÇON

Devoirs de l'homme envers lui-même.

RÉSUMÉ

J'ai des devoirs à remplir envers moi-même. Je dois me respecter et m'efforcer de grandir en sagesse et en vertu. Je dois soigner mon corps pour le conserver, orner mon esprit et me former le cœur pour devenir meilleur. — Pour me respecter, j'éviterai tout ce qui pourrait m'abaisser à mes propres yeux, je remplirai consciencieusement tous mes devoirs, je veillerai sur mes sentiments et sur mes actes, je m'attacherai à tout ce qui est grand, noble et généreux.

QUESTIONNAIRE. — Avez-vous des devoirs à remplir envers vous-même ? Comment devez-vous agir pour vous respecter ?

MAXIMES ET PENSÉES

Celui qui se manque de respect donne aux autres la hardiesse de lui en manquer.

Pour commander aux autres, il faut savoir se gouverner soi-même.

Surveillons nos habitudes ; les liens dont elles entourent s'attachent à l'âme et ne se rompent jamais.

Tu es homme, conduis-toi en homme.

LECTURES

1. *Devoirs envers soi-même* (Jules STEEG, N° 15, p. 45).
2. *Dignité personnelle* (Jules STEEG, N° 15, p. 66).
3. *La source des devoirs individuels* (Jules STEEG, N° 17, p. 122).

RÉDACTION

A la soirée, deux jeunes écoliers, Alfred et Victor, résument à tour de rôle ce que leur maître a expliqué en classe sur les devoirs de l'homme envers lui-même. Comme vous les avez bien écoutés, vous écrivez leur entretien.

36ᵐᵉ LEÇON

Devoirs envers le corps. — La santé, la propreté.

RÉSUMÉ

Mon premier devoir envers moi-même est de me conserver la vie ; je considère le suicide comme une lâcheté. — Pour me conserver la santé, je ne ferai pas d'excès, je serai propre, j'observerai toutes les règles de l'hygiène ; en un mot, je prendrai toutes les précautions nécessaires pour éviter les maladies et les infirmités. — Je dois être propre afin de ne pas être pour les autres un objet de répugnance et de dégoût, afin de ne pas éloigner mes amis et mes connaissances. En outre, la propreté est, pour ainsi dire, une vertu qui est l'indice de beaucoup d'autres, c'est la première condition du respect de soi-même ; enfin, la malpropreté peut occasionner de graves ma'adies.

QUESTIONNAIRE. — Quel est votre premier devoir envers vous-même ? Que ferez-vous pour vous conserver la santé ? Pourquoi devez-vous être propre ?

PENSÉES

Pour faire quelque chose ici-bas, et surtout le bien, disait Mirabeau, *la santé est le premier des outils.*

Ce qu'est la pureté pour l'âme, la propreté l'est pour le corps.

Pauvreté n'est pas vice, malpropreté l'est.

Une laideur propre vient à bout d'être avenante ; la beauté sale ne sera jamais qu'un monstre.

On n'imagine pas plus facilement une âme sans tache dans un corps malpropre qu'une eau pure dans un vase immonde.

LECTURES

1. *Comment Jeanne apprit à se débarbouiller* (A. VESSIOT, p. 167).
2. *La propreté*, par STAHL. (BOYER, p. 167).
3. *La propreté*, par Frédéric BATAILLE (BAILLY ET DODEY, p. 72).

RÉDACTION

Votre grand frère vient de lire un article de journal. C'était le récit du suicide d'un jeune soldat qui s'est fait sauter la cervelle d'un coup de révolver, parce qu'il venait d'être condamné à quatre jours de prison. Agiriez-vous ainsi dans le même cas ?

37ᵉ LEÇON

La tempérance et la sobriété.

RÉSUMÉ

La tempérance est une vertu qui consiste à ne faire d'excès d'aucune sorte, soit dans le boire ou dans le manger, soit dans le travail ou les plaisirs. La sobriété consiste à ne pas abuser de boissons alcooliques. — Je dois être sobre et tempérant pour respecter ma dignité, parce que les excès de table alourdissent le corps, rendent l'esprit paresseux et abrègent la vie. — L'ivrognerie est un vice méprisable qui dégrade l'homme et le ravale au niveau de la bête. Elle est aussi la ruine des familles, elle affaiblit les facultés intellectuelles, détruit l'énergie morale, conduit à la folie et à la mort.

QUESTIONNAIRE. — En quoi consistent la tempérance et la sobriété ? Pourquoi devez-vous être sobre et tempérant ? Que pensez-vous de l'ivrognerie ?

MAXIMES ET PENSÉES

Il faut manger pour vivre et non pas vivre pour manger.

Etre sobre n'est pas une grande vertu, c'est un grand défaut que de ne l'être pas.

La première chose pour se bien porter, c'est de manger et de boire sobrement.

Une manière de vivre simple et frugale conserve la santé, entretient le calme de l'âme et assure l'indépendance.

Les gourmands creusent leur fosse avec leurs dents.

Grande chère, maigre testament.

La tempérance est la mère de la charité.

Si vous voulez fuir l'ivrognerie, regardez un ivrogne.

L'ivrogne boit le sang de ses enfants.

LECTURES

1. *La sobriété*, par FRANKLIN (MÉZIÈRES, p. 41).
2. *Ivresse* (BARRAU, p. 111).
3. *Intempérance* (BARRAU, p. 110).

RÉDACTION

La vue d'un ivrogne, tombé dans la boue et hué de tous les gamins, vous fait faire de sérieuses réflexions sur les funestes suites de l'abus des boissons alcooliques. Vous les écrivez à un ami.

RÉDACTION

Dans une lettre à un ami, vous énumérez tous ceux à qui vous devez de la reconnaissance, en ayant soin d'indiquer le motif de cette reconnaissance.

62ᵐᵉ LEÇON

Soyons généreux et cléments.

RÉSUMÉ

La générosité ou clémence consiste à pardonner aux méchants le mal qu'ils ont fait. L'homme vraiment bon et généreux trouve « plus de gloire dans le pardon que de plaisir dans la vengeance. » — Pour être vraiment généreux, non seulement je ne me vengerai pas de mes ennemis, mais je pousserai la magnanimité jusqu'à répondre par un bienfait à une offense reçue ; en un mot, je rendrai le bien pour le mal.

QUESTIONNAIRE. — En quoi consiste la générosité ou clémence ? Que ferez-vous pour montrer de la générosité ?

MAXIMES ET PENSÉES

Par la force on ne fait que vaincre ; c'est par la générosité qu'on parvient à soumettre.

Mieux vaut pécher par excès de générosité que par excès de prudence.

Se venger d'une offense, c'est se mettre au niveau de son ennemi ; la lui pardonner, c'est se mettre bien au-dessus de lui.

Laissons l'espace d'une nuit entre l'injure et l'offense.

La plus noble vengeance est le pardon.

Aimez vos ennemis, faites du bien à ceux qui vous haïssent et priez pour ceux qui vous persécutent.

LECTURES

1. *Générosité du général Hugo*, par H. BAUDRILLART (BAILLY et DODEY, p. 112).

2. *La clémence d'Auguste*, par CORNEILLE (BOYER, p. 301).

3. *Le derviche offensé*, par HERDER (BOYER p. 302).

RÉDACTION

Expliquez, par un exemple à votre choix, cette maxime du bon roi Henri IV : « La satisfaction que procure la vengeance ne dure qu'un moment, mais celle que procure la clémence dure toujours. »

63ᵉ LEÇON

Dévouons-nous

RÉSUMÉ

Le dévouement est le sacrifice de son temps, de ses goûts, de ses plaisirs, de sa santé, de sa vie même, pour venir en aide à son semblable, pour faire triompher une cause juste et assurer la prospérité de son pays. — On se dévoue quand on sauve une personne en danger, quand on prodigue ses soins aux malheureux, quand on applique ses forces et son intelligence à une tâche utile à ses semblables.

QUESTIONNAIRE. — Qu'est-ce que le dévouement? Dites comment on se dévoue.

MAXIMES ET PENSÉES

Un jour de dévouement rachète bien des fautes.

On est toujours bien là où on se dévoue.

Soyez celui qui lutte, aime, console, pense, pardonne, et qui pour tous, souffre.

A quoi sert le dévouement quand tout est perdu? Il sert à faire honorer l'humanité dans la personne de quelques hommes.

LECTURES

1. *Le trompette Escoffier*, par H. BAUDRILLART (BAILLY et DODEY, p 127)

2. *Le marin Ponée* (BOYER, p. 304).

3. *Elisa Sellier* (BOYER, p. 305).

RÉDACTION

Racontez à votre choix un acte de dévouement accompli par un de vos jeunes camarades, et faites vos réflexions sur ce mot sublime : *dévouement !*

VI. — DEVOIRS ENVERS DIEU

61me LEÇON

L'existence de Dieu.

RÉSUMÉ

Dieu est l'Être infiniment parfait, l'Être suprême qui a créé le monde et tout ce qui existe. — Je crois à l'existence de Dieu parce que les hommes y ont toujours cru ; parce que l'univers, avec toutes ses merveilles, n'a pu sortir seul du néant, et qu'il faut bien lui supposer un auteur ; parce que ce même monde ne pourrait subsister sans l'intervention d'un être souverain, puissant et intelligent. — Je dois aimer Dieu, le servir, ne prononcer jamais son nom à la légère, et surtout pratiquer la loi morale qu'il a gravée dans ma conscience.

QUESTIONNAIRE. — Qu'est-ce que Dieu ? Pourquoi croyez-vous à l'existence de Dieu ? Quels sont nos devoirs vis-à-vis de Dieu ?

MAXIMES ET PENSÉES

L'athéisme est une méprise de l'orgueil ; il est plus honorable de devoir l'existence à un Dieu qu'à la vile matière.

Attendez, pour nier Dieu, qu'on vous ait bien prouvé qu'il n'existe pas.

Vous aimez la joie, le repos, le plaisir ; j'ai goûté de tout. Il n'y a de joie, de repos, de plaisir qu'à servir Dieu (Mme de MAINTENON).

LECTURES

1. *Preuves de l'existence de Dieu* (BAILLY et DODEY, p. 137).
2. *Confiance en la divine Providence* (BARRAU, p. 31).
3. *Dieu prouvé par l'ordre de l'univers*, par FÉNELON (CAZES, p. 339).

RÉDACTION

Un soir, en regardant un beau coucher du soleil, votre

jeune frère vous demande qui a pu suspendre là-haut ce beau globe de feu. Faites-lui connaître l'auteur de toutes les merveilles du firmament et dites-lui aussi pourquoi nous devons l'aimer et le servir.

65ᵐᵉ LEÇON

L'immortalité de l'âme — La vraie piété et l'hypocrisie.

RÉSUMÉ

Je crois à l'immortalité de l'âme parce que cette croyance a été admise dans tous les temps ; parce que cette partie de moi-même n'étant pas de la matière, comme mon corps, elle ne saurait disparaître avec lui ; parce que je trouve au fond de mon cœur l'espérance d'une autre vie ; parce qu'il est juste que je me survive à moi-même pour être puni ou récompensé selon mon mérite. — La piété, de quelque manière qu'elle se manifeste, est toujours digne de respect, pourvu qu'elle soit sincère et tolérante. Au contraire, la fausse dévotion ou l'hypocrisie, qui consiste à afficher des sentiments qu'on n'a pas au fond du cœur, ou à pratiquer ses devoirs religieux par ostentation, est profondément méprisable.

QUESTIONNAIRE. — Pourquoi croyez-vous à l'immortalité de l'âme. Que faut-il penser de la vraie piété, de l'hypocrisie ?

MAXIMES ET PENSÉES

Mourir, c'est naître à la véritable vie.
L'hypocrite est un animal vil, traître et odieux.

LECTURES

1. *L'âme immortelle* (BAILLY et DODEY, p. 141).
2. *Le nègre pieux* (BARRAU, p. 24).
3. *Proposition impie, pieux refus* (BARRAU, p. 43).

RÉDACTION

Enfant pieux et sage, vous croyez à l'immortalité de l'âme. Dites-nous comment cette pensée peut vous encourager à faire le bien et à éviter le mal.

66ᵐᵉ LEÇON

Le culte.

RÉSUMÉ

« Le premier culte qui soit agréable à Dieu, c'est d'être droit, juste, bienfaisant ; de rester fidèle à sa parole ; de sacrifier sans hésitation et sans murmure ses intérêts à son devoir ; de ne pas dégrader en soi, par des lâchetés ou des bassesses, le noble caractère de l'humanité ; d'éviter avec scrupule toute occasion de blesser les droits d'autrui ; de chercher, au contraire, l'occasion de se sacrifier au bonheur de ses semblables ; de se faire un cœur bienveillant pour les créatures de Dieu, et de laisser après soi des exemples de vertu et un souvenir sans tache. »   Jules SIMON.

QUESTIONNAIRE. — Quel est le culte le plus agréable à Dieu ?

MAXIMES ET PENSÉES

Ceux qui suivent tout droit leur conscience sont de ma religion ; et moi, je suis de celle de tous ceux qui sont braves et bons (HENRI IV).

A la religion discrètement fidèle,
Sois doux, compatissant, indulgent comme elle,
Et sans noyer autrui, songe à gagner le port.
                                    (VOLTAIRE).

LECTURES

1. *La prière* (BARRAU, p. 28).
2. *Crime et folie* (BARRAU, p. 42).
3. *Dernier présent d'une sœur* (BARRAU, p. 44).

RÉDACTION

Selon votre opinion, quel est le plus sûr moyen de nous rendre agréables à Dieu dans les hommages ou dans le culte que nous lui rendons en public comme en particulier ?

RÉCITATIONS

La Pensée.

L'homme n'est qu'un roseau, le plus faible de la nature, mais c'est un roseau pensant. Il ne faut pas que l'univers entier s'arme pour l'écraser. Une vapeur, une goutte d'eau suffit pour le tuer. Mais quand l'univers l'écraserait, l'homme serait encore plus noble que ce qui le tue, parce qu'il sait qu'il meurt ; et l'avantage que l'univers a sur lui, l'univers n'en sait rien.

Toute notre dignité consiste donc en la pensée. C'est de là qu'il faut nous relever, non de l'espace et de la durée, que nous ne saurions remplir. Travaillons donc à bien penser : voilà le principe de la morale.

(PASCAL, *Pensées*).

La Conscience.

Conscience ! conscience ! instinct divin, immortelle et céleste voix, guide assuré d'un être ignorant et borné, mais intelligent et libre ; juge infaillible du bien et du mal, qui rends l'homme semblable à Dieu, c'est toi qui fais l'excellence de sa nature et la moralité de ses actions ; sans toi, je ne sens rien en moi qui m'élève au-dessus des bêtes que le triste privilège de m'égarer d'erreur en erreur, à l'aide d'un entendement sans règle et d'une raison sans principes.

(Jean-Jacques ROUSSEAU).

Le Parricide.

Un fils avait tué son père.
Ce crime affreux n'arrive guère
Chez les tigres, les ours, mais l'homme le commet.
Ce parricide eut l'art de cacher son forfait ;
Nul ne le soupçonna ; farouche et solitaire,
Il fuyait les humains et vivait dans les bois,
Espérant échapper aux remords comme aux lois.

9**

Certain jour on le vit détruire, à coups de pierre,
Un malheureux nid de moineaux.
« Eh ! que vous ont fait ces oiseaux ?
Lui demande un passant ; pourquoi tant de colère ?
Ce qu'ils m'ont fait ? répond le criminel :
Ces oisillons menteurs, que confonde le ciel,
Me reprochent d'avoir assassiné mon père »
Le paysan le regarde ; il se trouble et pâlit :
Sur son front son crime se lit.
Conduit devant le juge, il l'avoue et l'expie.
O des vertus, derni e amie,
Toi qu'on voudrait en vair éviter ou trompe,
Conscience terrible on ne peut t'échapper. (Florian).

La Carpe et les Carpillons.

« Prenez garde, mes fils. côtoyez moins le bord,
Suivez le fond de la rivière,
Craignez la ligne meurtrière,
Ou l'épervier, plus dangereux encor. »
C'est ainsi que parlait une carpe de Seine
A de jeunes poissons qui l'écoutaient à peine.
C'était au mois d'avril ; les neiges, les glaçons.
Fondus par les zéphyrs, descendaient des montagnes.
Le fleuve enflé par eux s'élève à gros bouillons
Et déborde dans les campagnes.
« Ah ! ah ! criaient les carpillons,
Qu'en dis-tu. carpe radoteuse ?
Crains-tu pour nous les hameçons,
Nous voilà citoyens de la mer orageuse :
Regarde, on ne voit plus que les eaux et le ciel,
Les arbres sont cachés sous l'onde.
Nous sommes les maîtres du monde ;
C'est le déluge universel.
— Ne croyez point cela, répond la vieille mère ;
Pour que l'eau se retire, il ne faut qu'un instant
Ne vous éloignez point ; et de peur d'accident,
Suivez, suivez toujours le fond de la rivière.

— Bah ! disent les poissons, tu répètes toujours
Mêmes discours.
Adieu. nous allons voir notre nouveau domaine. »
Parlant ainsi, nos étourdis
Sortent tous du lit de la Seine
Et s'en vont dans les eaux qui couvrent le pays.
Qu'arriva-t-il? les eaux se retirèrent
Et les carpillons demeurèrent.
Bientôt ils furent pris
Et frits.
Pourquoi quittaient-ils la rivière?
Pourquoi? je le sais trop, hélas!
C'est qu'on se croit toujours plus sage que sa mère,
C'est qu'on veut sortir de sa sphère.
C'est que... c'est que... Je n'en finirais pas.

(FLORIAN).

L'avantage de la science.

Entre deux bourgeois d'une ville
Survint jadis un différend :
L'un était pauvre, mais habile,
L'autre riche, mais ignorant ;
Celui-ci sur son concurrent
Voulait emporter l'avantage ;
Prétendait que tout homme sage
Etait tenu de l'honorer.
C'était tout homme sot ; car pourquoi révérer
Des biens dépourvus de mérite?
La raison m'en semble petite.
« Mon ami, disait-il souvent
Au savant,
Vous vous croyez considérable ;
Mais, dites-moi, tenez-vous table ?
Que sert à vos pareils de lire incessamment ?
Ils sont toujours logés à la troisième chambre,
Vêtus au mois de juin comme au mois de décembre,
Ayant pour tout laquais leur ombre seulement.

La République a bien affaire
Des gens qui ne dépensent rien !
Je ne sais d'homme nécessaire
Que celui dont le luxe épand beaucoup de bien.
Nous en usons, Dieu sait ! notre plaisir occupe
L'artisan, le vendeur, celui qui fait la jupe
Et celle qui la porte, et vous, qui dédiez
A Messieurs les gens de finance
De méchants livres bien payés. »
Ces mots remplis d'impertinence
Eurent le sort qu'ils méritaient.
L'homme lettré se tut : il avait trop à dire.
La guerre le vengea bien mieux qu'une satire.
Mars détruisit le lieu que nos gens habitaient.
L'un et l'autre quitta sa ville.
L'ignorant resta sans asile,
Il reçut partout des mépris.
L'autre reçut partout quelque faveur nouvelle.
Cela décida leur querelle.
Laissez dire les sots : le savoir a son prix.

(LA FONTAINE.)

Les deux Amis.

Deux vrais amis vivaient au Monomotapa ;
L'un ne possédait rien qui n'appartînt à l'autre :
Les amis de ce pays-là
Valent bien, dit-on, ceux du nôtre.
Une nuit que chacun s'occupait au sommeil
Et mettait à profit l'absence du soleil,
Un de nos deux amis sort du lit en alarme ;
Il court chez son intime, éveille les valets ;
Morphée avait touché le seuil de ce palais.
L'ami couché s'étonne ; il prend sa bourse, il s'arme,
Vient trouver l'autre, et dit : « Il vous arrive peu
De courir quand on dort ; vous me paraissiez homme
A mieux user du temps destiné pour le somme ;
N'auriez-vous point perdu tout votre argent au jeu ?
En voici. S'il vous est venu quelque querelle,

J'ai mon épée; allons. Vous ennuyez-vous point?
— Non, dit l'ami, ce n'est ni l'un ni l'autre point,
    Je vous rends grâces de ce zèle.
Vous m'êtes, en dormant, un peu triste apparu;
J'ai craint qu'il ne fût vrai; je suis vite accouru.
    Ce maudit songe en est la cause. »
Qui d'eux aimait le mieux? Que t'en semble, lecteur?
Cette difficulté vaut bien qu'on la propose.
Qu'un ami véritable est une douce chose!
Il cherche vos besoins au fond de votre cœur;
    Il vous épargne la pudeur
    De les lui découvrir vous-même.
    Un songe, un rien, tout lui fait peur
    Quand il s'agit de ce qu'il aime.

                        (La Fontaine).

Le Danseur de corde et le Balancier.

Sur la corde tendue, un jeune voltigeur
Apprenait à danser, et déjà son adresse,
    Ses tours de force, de souplesse,
    Faisaient venir maint spectateur.
Sur son étroit chemin on le voit qui s'avance,
Le balancier en main, l'air libre, le corps droit,
    Hardi, léger, autant qu'adroit.
Il s'élève, descend, va, vient, plus haut s'élance,
    Retombe, remonte en cadence,
    Et, semblable à certains oiseaux,
Qui rasent en volant la surface des eaux,
    Son pied touche, sans qu'on le voie,
A la corde qui plie et dans l'air le renvoie.
Notre jeune danseur, tout fier de son talent,
Dit un jour: « A quoi bon ce balancier pesant
    Qui me fatigue et m'embarrasse?
Si je dansais sans lui, j'aurais bien plus de grâce,
    De force et de légèreté. »
Aussitôt fait que dit. Le balancier jeté,

Notre étourdi chancelle, étend les bras et tombe.
Il se casse le nez et tout le monde en rit.
Jeunes gens, jeunes gens, ne vous a-t-on pas dit
Que sans règle et sans frein tôt ou tard on succombe ?
La vertu, la raison, les lois, l'autorité
Dans vos désirs fougueux vous causent quelque peine.
C'est le balancier qui vous gêne,
Mais qui fait votre sûreté.   (FLORIAN).

Le Drapeau du régiment.

Le ministre de la guerre vient d'envoyer au régiment un nouveau drapeau. Vous connaissez tous ce symbole. Il représente la Patrie avec son passé et son avenir, ses joies et ses douleurs, ses grands souvenirs et ses plus nobles espérances. Tous les Français qui ont au cœur le culte de la Patrie s'inclinent à son passage ; vous, plus que tout autre, vous lui devez le salut et le respect. Lorsque la voix sublime de la France fera appel à votre dévouement, vous vous rallierez autour de lui, et, sentinelles vigilantes, vous veillerez sur son honneur et vous saurez mourir, au besoin, pour sa défense. En lui s'incarne l'esprit d'ordre, de discipline et d'abnégation ; c'est à l'ombre de ses plis glorieux que se sont accomplis les actes d'héroïsme que vous prenez chaque jour pour modèles. La France en confie la garde à votre bravoure. Portez-le fièrement dans les combats et de vos mains vaillantes, à côté des noms qui sont inscrits en lettres d'or, vous apporterez des noms de victoires.

(*Ordre du jour du colonel du 61me de ligne à l'occasion
de la remise d'un nouveau drapeau*).

La vraie noblesse. — Un Père à son fils.

Non, non, la naissance n'est rien où la vertu n'est pas. Aussi nous n'avons part à la gloire de nos ancêtres qu'autant que nous nous efforçons de leur ressembler ; et cet éclat de leurs actions qu'ils répandent sur nous, nous impose un engagement de leur faire le même honneur, de suivre les pas qu'ils nous tracent et ne point dégénérer de leur vertu, si nous voulons être estimés leurs véritables descendants.

Ainsi, vous descendez en vain des aïeux dont vous êtes nés ; ils vous désavouent par leur sang ; et tout ce qu'ils ont fait d'illustre ne vous donne aucun avantage ; au contraire, l'éclat n'en rejaillit sur vous qu'à votre déshonneur, et la gloire est un flambeau qui éclaire aux yeux de chacun la honte de vos actions.

Apprenez enfin qu'un gentilhomme qui vit mal est un monstre dans la nature; que la vertu est le premier titre de noblesse; que je regarde bien moins au nom qu'on signe qu'aux actions qu'on fait, et que je ferais plus d'état du fils d'un crocheteur qui serait honnête homme que du fils d'un monarque qui vivrait comme vous.

(MOLIÈRE, *Don Juan ou le Festin de Pierre*).

La mort choisit son premier ministre.

La mort, reine du monde, assembla, certain jour,
 Dans les enfers, toute sa cour.
Elle voulait choisir un bon premier ministre
Qui rendît ses États encor plus florissants.
 Pour remplir cet emploi sinistre,
Du fond du noir Tartare avancent à pas lents
 La Fièvre, la Goutte et la Guerre.
 C'étaient trois sujets excellents :
 Tout l'enfer et toute la terre
 Rendaient justice à leurs talents.
La mort leur fit accueil. La peste vint ensuite;
On ne pouvait nier qu'elle n'eût du mérite.
 Nul n'osait lui rien disputer,
Lorsque d'un médecin arriva la visite,
Et l'on ne sut alors qui devait l'emporter ;
 La mort même était en balance;
 Mais les vices étant venus,
Dès ce moment la mort n'hésita plus :
 Elle choisit l'intempérance.   (FLORIAN).

Le Savetier et le Financier.

Un savetier chantait du matin jusqu'au soir;
 C'était merveille de le voir,
Merveille de l'ouïr : il faisait des passages,
 Plus content qu'aucun des sept sages.

Son voisin, au contraire, était tout cousu d'or,
  Chantait peu, dormait moins encor :
  C'était un homme de finance.
Si, sur le point du jour, parfois il sommeillait,
Le savetier alors en chantant l'éveillait ;
  Et le financier se plaignait
  Que les soins de la Providence
N'eussent pas au marché fait vendre le dormir,
  Comme le manger et le boire.
  En son hôtel il fait venir
Le chanteur, et lui dit : « Or çà, sire Grégoire,
Que gagnez-vous par an ? — Par an, ma foi, Monsieur,
  Dit avec un ton de rieur
Le gaillard savetier, ce n'est pas ma manière
De compter de la sorte, et je n'entasse guère
  Un jour sur l'autre : il suffit qu'à la fin
  J'attrape le bout de l'année :
  Chaque jour amène son pain.
— Eh bien, que gagnez-vous, dites-moi, par journée ?
— Tantôt plus, tantôt moins : le mal est que toujours
(Et sans cela nos gains seraient assez honnêtes ',
Le mal est que dans l'an s'entremêlent des jours
  Qu'il faut chômer : on nous ruine en fêtes ;
L'une fait tort à l'autre, et Monsieur le curé
De quelque nouveau saint charge toujours son prône.
Le financier, riant de sa naïveté,
Lui dit : « Je veux vous mettre aujourd'hui sur le trône ;
Prenez ces cent écus, gardez-les avec soin
  Pour vous en servir au besoin. »
Le savetier crut voir tout l'argent que la terre
  Avait, depuis plus de cent ans,
  Produit pour l'usage des gens.
Il retourne chez lui ; dans sa cave, il enserre
  L'argent, et sa joie à la fois.
  Plus de chant : il perdit la voix,
Du moment qu'il gagna ce qui cause nos peines.
  Le sommeil quitta son logis ;
  Il eut pour hôtes les soucis,
  Les soupçons, les alarmes vaines.

Tout le jour, il avait l'œil au guet, et la nuit,
　　Si quelque chat faisait du bruit,
Le chat prenait l'argent. A la fin, le pauvre homme
S'en courut chez celui qu'il ne réveillait plus :
« Rendez-moi, lui dit-il, mes chansons et mon somme,
　　Et reprenez vos cent écus. »　　　(LA FONTAINE.)

Le Laboureur et ses enfants.

　　Travaillez, prenez de la peine :
　　C'est le fonds qui manque le moins.
Un riche laboureur, sentant sa fin prochaine,
Fit venir ses enfants leur parla sans témoins.
« Gardez-vous, leur dit-il, de vendre l'héritage
　　Que nous ont laissé nos parents :
　　Un trésor est caché dedans ;
Je ne sais pas l'endroit, mais un peu de courage
Vous le fera trouver : vous en viendrez à bout.
Remuez votre champ dès qu'on aura fait l'oût ;
Creusez, fouillez, bêchez : ne laissez nulle place
　　Où la main ne passe et repasse. »
Le père mort, les fils vous retournent le champ,
Deçà, delà, partout ; si bien qu'au bout de l'an
　　Il en rapporta davantage.
D'argent point de caché ; mais le père fut sage
De leur montrer, avant sa mort,
　　Que le travail est un trésor.　　　(LA FONTAINE.)

L'œil du Maître.

Un cerf s'étant sauvé dans une étable à bœufs
　　Fut d'abord averti par eux
　　Qu'il cherchât un meilleur asile.
« Mes frères, leur dit-il, ne me décélez pas,
Je vous enseignerai les pâtis les plus gras ;
Ce service vous peut quelque jour être utile,
　　Et vous n'en aurez point regret »
Les bœufs, à toutes fins, promirent le secret.

se cache en un coin, respire et prend courage.
Sur le soir, on apporte herbe fraîche et fourrage,
    Comme l'on faisait tous les jours.
  L'on va, l'on vient, les valets font cent tours,
  L'intendant même ; et pas un d'aventure
    N'aperçut ni cor, ni ramure,
    Ni cerf, enfin. L'habitant des forêts
Rend déjà grâce aux bœufs, attend dans cette étable
Que, chacun retournant au travail de Cérès,
Il trouve, pour sortir, un moment favorable.
L'un des bœufs ruminant lui dit : « Cela va bien ;
Mais, quoi ! l'homme aux cent yeux n'a pas fait sa revue
    Je crains fort pour toi sa venue ;
  Jusque-là, pauvre cerf, ne te vante de rien »
Là-dessus, le maître entre et vient faire sa ronde.
    Qu'est ceci ? dit-il à son monde ;
Je trouve bien peu d'herbe en tous ces râteliers.
Cette litière est vieille : allez vite aux greniers ;
Je veux voir désormais vos bêtes mieux soignées.
    Que coûte-t il d'ôter toutes ces araignées ;
Ne saurait-on pas ranger ces jougs et ces colliers.
En regardant à tout, il voit une autre tête
Que celle qu'il voyait d'ordinaire en ce lieu.
Le cerf est reconnu : chacun prend un épieu.
    Chacun donne un coup à la bête
Ses larmes ne sauraient le sauver du trépas.
On l'emporte on le sale, on en fait maint repas.
    Dont maint voisin s'éjouit d'être
  Il n'est, pour voir, que l'œil du maître.

                    (La Fontaine).

Le Sifflet.

  Quand j'étais un enfant de cinq ou six ans, mes amis, un jour de fête,
remplirent ma petite poche de sous. J'allai tout de suite à une boutique
où l'on vendait des babioles ; mais, charmé du son d'un sifflet que je vis,
chemin faisant, dans les mains d'un autre petit garçon, je lui offris et
lui donnai volontiers en échange tout mon argent.

Revenu chez moi, fort content de mon achat, sifflant par toute la maison, je fatiguai les oreilles de toute la famille. Mes frères, mes sœurs,
mes cousines, apprenant que j'avais tout donné pour ce mauvais instru-
ment, me dirent que je l'avais payé dix fois plus qu'il ne valait. Alors ils
me firent penser au nombre de choses que j'aurais pu acheter avec le
reste de ma monnaie, si j'avais été plus prudent ; ils me tournèrent
tellement en ridicule que j'en pleurai de dépit, et la réflexion me donna
plus de chagrin que le sifflet de plaisir.

Cet accident fut cependant, par la suite, de quelque utilité pour moi,
car l'impression resta dans mon âme ; aussi, lorsque j'étais tenté d'acheter quelque chose qui ne m'était pas nécessaire, je disais en moi-même :
« Ne donnons pas trop pour le sifflet, » et j'épargnais mon argent.

> (FRANKLIN, *Essais de morale et d'économie politique*).

Les deux Souris.

Une souris, ennuyée de vivre dans les périls et dans les alarmes, à
cause des chats qui faisaient grand carnage de la nation souriquoise,
appela sa commère, qui était dans un trou de son voisinage : « Il m'est
venu, lui dit-elle, une bonne pensée. J'ai lu, dans certains livres que je
rongeais ces jours passés, qu'il y a un beau pays, nommé les Indes, où
notre peuple est mieux traité et plus en sûreté qu'ici. En ce pays-là, les
sages croient que l'âme d'une souris a été autrefois l'âme d'un grand
capitaine, d'un roi, d'un faquir, et qu'elle pourra, après la mort de la
souris, entrer dans le corps de quelque belle dame ou de quelque grand
docteur. Si je m'en souviens bien, cela s'appelle métempsycose. Dans cette
opinion, ils traitent tous les animaux avec une charité fraternelle : on
voit des hôpitaux de souris qu'on met en pension et qu'on nourrit comme
des personnes de mérite. Allons, ma sœur, partons pour un si beau
pays, où la police est si bonne et où l'on rend justice à notre mérite. »
L'autre se laisse persuader, et voilà nos deux souris qui partent
ensemble : elles s'embarquent sur un vaisseau qui allait faire un voyage
de long cours, en se glissant le long des cordages, le soir de la veille de
l'embarquement. On part ; elles sont ravies de se voir sur la mer, loin
des terres maudites où les chats exerçaient leur tyrannie.

La navigation fut heureuse ; elles arrivent à Surate non pour amasser
des richesses, comme les marchands, mais pour se faire bien traiter par
les Indous. A peine furent-elles entrées dans une maison destinée aux
souris qu'elles voulurent avoir les premières places ; l'une prétendait se

souvenir d'avoir été autrefois un fameux bramine sur la côte de Malabar; l'autre protestait qu'elle avait été une belle dame du même pays, avec de longues oreilles. Elles firent tant les insolentes que les souris indiennes ne purent les souffrir : au lieu d'être mangées par les chats, elles furent étranglées par leurs propres sœurs.

On a beau aller loin pour éviter le péril; si l'on n'est modeste et sensé, on trouve partout son malheur. (FÉNELON).

La Laitière et le pot au lait.

Perrette, sur sa tête, ayant un pot au lait
Bien posé sur un coussinet,
Prétendait arriver sans encombre à la ville.
Légère et court vêtue, elle allait à grands pas,
Ayant mis ce jour-là, pour être plus agile,
Cotillon simple et souliers plats
Notre laitière ainsi troussée
Comptait déjà dans sa pensée
Tout le prix de son lait; en employait l'argent;
Achetait un cent d'œufs, faisait triple couvée.
La chose allait à bien par son soin diligent.
« Il m'est, disait-elle, facile
D'élever des poulets autour de ma maison;
Le renard sera bien habile
S'il ne m'en laisse assez pour avoir un cochon,
Ce porc à s'engraisser coûtera peu de son;
Il était, quand je l'eus de grosseur raisonnable;
J'aurai, le revendant, de l'argent bel et bon.
Et qui m'empêchera de mettre en notre étable
Vu le prix dont il est, une vache et son veau
Que je verrai sauter au milieu du troupeau? »
Perrette là-dessus saute aussi transportée;
Le lait tombe; adieu veau, vache, cochon, couvée.
La dame de ces biens, quittant d'un œil marri
Sa fortune ainsi répandue,
Va s'excuser à son mari
En grand danger d'être battue.
Le récit en farce en fut fait.
On l'appela le pot au lait.
Quel esprit ne bat la campagne?
Qui ne fait châteaux en Espagne? (LA FONTAINE).

Un trait de probité.

Dans une de nos guerres avec l'Allemagne, un capitaine de cavalerie
est commandé pour aller au fourrage. Il part à la tête de sa compagnie
et se rend dans le quartier qui lui est assigné. C'était un vallon solitaire
où l'on ne voyait guère que des bois. Il aperçoit une pauvre cabane, il y
frappe ; il en sort un vieillard à barbe blanche. « Mon père, lui dit l'officier, montrez-moi un champ où je puisse faire fourrager mes cavaliers »
— Tout à l'heure, reprit le vieillard.

Ce brave homme se met à leur tête et remonte avec eux le vallon.
Après un quart d'heure de marche, ils trouvèrent un beau champ d'orge.
Voilà ce qu'il nous faut, dit le capitaine.

— Attendez un moment, lui dit son conducteur, vous serez content. »

Ils continuent à marcher, et ils arrivent un quart de lieue plus loin à
un autre champ d'orge.

La troupe aussitôt met pied à terre, fauche le grain, le met en trousse
et remonte à cheval. L'officier de cavalerie dit alors à son guide : « Mon
père, vous nous avez fait aller trop loin sans nécessité, le premier champ
valait mieux que celui-ci. — Cela est vrai, reprit le bon vieillard, mais
il n'était pas à moi. »   (BERNARDIN DE SAINT-PIERRE).

L'Ane et le Chien.

Il se faut entr'aider, c'est la loi de nature.
    L'âne, un jour, pourtant s'en moqua.
    Et ne sais comme il y manqua,
    Car il est bonne créature.
Il allait par pays, accompagné d'un chien,
    Gravement, sans songer à rien ;
    Tous deux suivis d'un commun maître.
Ce maître s'endormit. L'âne se mit à paître.
    Il était alors dans un pré
    Dont l'herbe était fort à son gré.
Point de chardons pourtant ; il s'en passa pour l'heure,
Il ne faut pas toujours être si délicat :
    Et, faute de servir ce plat,
    Rarement un festin demeure.
    Notre baudet s'en sut enfin
Passer pour cette fois. Le chien, mourant de faim,
Lui dit : « Cher compagnon, baisse-toi, je te prie,

Je prendrai mon diner dans le panier au pain. »
Point de réponse, mot : le roussin d'Arcardie
    Craignit qu'en perdant un moment
    Il ne perdit un coup de dent.
    Il fit longtemps la sourde oreille.
Enfin, il répondit : « Ami, je te conseille
D'attendre que ton maitre ait fini son sommeil,
Car il te donnera, sans faute, à son réveil,
    Ta portion accoutumée ;
    Il ne saurait tarder beaucoup. »
    Sur ces entrefaites, un loup
Sort du bois et s'en vint : autre bête affamée.
L'âne appelle aussitôt le chien à son secours.
Le chien ne bouge et dit : « Ami, je te conseille
De fuir en attendant que ton maitre s'éveille,
Il ne saurait tarder ; détale vite et cours,
Que si ce loup t'atteint, casse-lui la mâchoire.
On t'a ferré de neuf ; et si tu me veux croire,
Tu l'étendras tout plat. » Pendant ce beau discours,
Seigneur loup étrangla le baudet sans remède.
    Je conclus qu'il faut qu'on s'entr'aide.

(La Fontaine).

LILLE. IMP. CAMILLE ROBBÉ

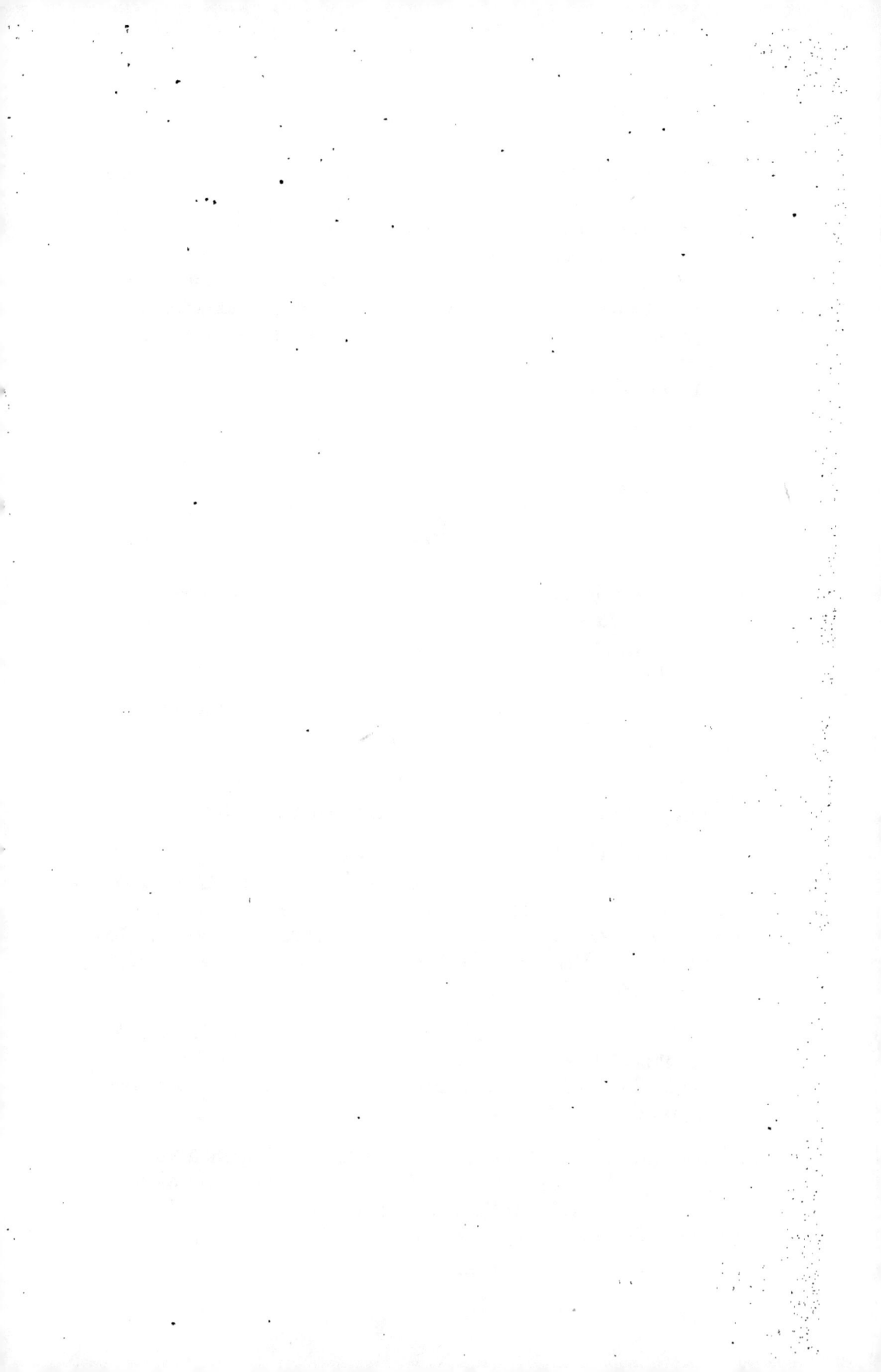

ON TROUVE A LA MÊME LIBRAIRIE :

Le Certificat d'études, nouvelle publication scolaire qui offre chaque mois aux instituteurs et aux institutrices qui préparent des candidats au *certificat d'études*, 20 dictées graduées, suivies d'exercices, 10 développements de compositions françaises, 80 exercices et problèmes d'arithmétique et de système métrique bien gradués, 6 exercices de vocabulaire et *4 lectures du samedi*. Abonnement annuel : 3 francs. Envoi *franco* du premier numéro contre un timbre de 15 cent.

Sept ouvrages en un seul volume. — Recueil de résumés de morale, d'instruction civique, de sciences, d'hygiène et de civilité, suivis de 800 exercices et problèmes d'arithmétique et de système métrique, de 320 éphémérides historiques et de 320 pensées morales. Tous les résumés et exercices que renferme ce recueil ont été publiés dans le *Bulletin pédagogique du Pas-de-Calais*, rédigé sous la direction de M. l'Inspecteur d'Académie. Ils ont obtenu un succès considérable. Ouvrage à l'usage des élèves du Cours moyen. Prix *franco* : 1 franc.

Règlement scolaire à l'usage des élèves. Précieux pour la discipline. Brochure in-12 : 0 fr. 15.

Jeux d'enfants (100 jeux). Charmant volume in-12 très demandé. Auxiliaire du maître aux récréations : 0 fr. 90.

100 exercices scolaires : dictées, problèmes, modèles d'écriture, lectures, compositions françaises sur la Prévoyance, la Mutualité et l'Épargne. Brochure de 32 pages. *Grand succès.* Ouvrage chaudement recommandé par les mutualistes (*Médaille de bronze à l'Exposition de Bordeaux*). Prix *franco* : 0 fr. 30.

Procédé pour tracer très facilement la carte de France. — A l'aide de ce procédé, tous les enfants tracent de belles cartes sur leurs cahiers de devoirs ; l'exemplaire : 0 fr. 10.

Tables de calcul pour les 4 règles, indispensables aux commençants. Petite carte 0,17 × 0,11. Addition et soustraction : 0 fr. 03. Multiplication et division : 0 fr. 03 ; les deux : 0 fr. 05.

www.ingramcontent.com/pod-product-compliance
Lightning Source LLC
Chambersburg PA
CBHW072058090426
42739CB00012B/2805